Fett
in der Ernährung

Mit freundlicher Empfehlung
überreicht von

Lipid Liga

Deutsche Gesellschaft zur Bekämpfung von
Fettstoffwechselstörungen und ihren
Folgeerkrankungen DGFF (Lipid-Liga) e. V.

Die Drucklegung dieses Taschenbuches
wurde durch die freundliche
Unterstützung der
Union Deutsche Lebensmittelwerke GmbH
Hamburg ermöglicht

Dirk Rohwedder
Maria Hacks

Fett in der Ernährung

Fettreduzierung und Fettmodifikation vermindern das Erkrankungsrisiko

Mit einem Vorwort von **Prof. P. Schwandt**

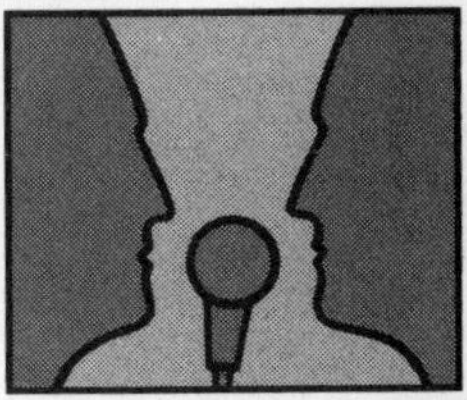

Aktuelle Interviews mit

Prof. P. Schwandt
Prof. M. Hanefeld
Prof. G. Klose
Prof. A. Weizel
Prof. G. Wolfram
Prof. R. Kirsten
Prof. H. Rottka
Prof. H. Hoffmeister
Prof. D. Kunze
Prof. H. Esterbauer

Schriftenreihe
Experten im Gespräch
Band 16

Wissenschaftsverlag Wellingsbüttel
Hamburg · Zürich

Ein Verzeichnis weiterer Werke aus unserem Verlagsprogramm finden Sie am Schluß dieses Buches

Postfach 65 02 44, 2000 Hamburg 65

Umschlaggestaltung: Gunther Eimers
Fotos: Privat
Gesamtherstellung: Ebner Ulm
Printed in Germany
ISBN 3-926774-13-4

1. Auflage August 1991

Wichtige Hinweise:

Soweit in diesem Werk eine Dosierung oder eine Applikation erwähnt wird, darf der Leser darauf vertrauen, daß Autoren und Verlag größte Sorgfalt darauf verwandt haben, daß diese Angaben dem Wissensstand bei Fertigstellung des Werkes entsprechen. Dennoch ist jeder Benutzer aufgefordert, die Gebrauchsinformationen der verwendeten Präparate zu prüfen. Die Haftung der Autoren, der interviewten Experten, des Verlages und der Setzerei für Personen-, Sach- und Vermögensschäden ist ausgeschlossen.

Geschützte Warenzeichen werden nicht besonders kenntlich gemacht. Aus dem Fehlen eines solchen Hinweises kann nicht geschlossen werden, es handele sich um einen freien Warennamen.

Inhalt

Vorwort

Die Ende 1990 im »New England Journal of Medicine« veröffentlichten Daten der Familial Atherosclerosis Treatment Study (FATS) machen die Entwicklung auf dem Gebiet der Atherosklerose-Prävention deutlich: Zum einen brachten sie eine weitere Bestätigung der koronarangiographischen sekundären Präventionsstudien, nach denen schon in relativ kurzer Zeit eine deutliche Besserung der atherogenen Lipoprotein-Konstellation zu einer günstigen Beeinflussung der atherosklerotischen Koronarangiographie-Veränderungen führt. Dabei war mit der Kombination von Lovastatin und Colestipol eine 46prozentige Senkung des LDL-Cholesterins und ein 15prozentiger Anstieg des HDL-Cholesterins zu erreichen; die Kombination Colestipol und Nikotinsäure senkte das LDL-Cholesterin um nur 32 Prozent, führte aber gleichzeitig zu einer erheblichen HDL-Cholesterin-Erhöhung (plus 43 Prozent), wobei auch die Wirkung auf die koronare Herzkrankheit etwas ausgeprägter war. Man kann vielleicht auch diese Studie als eine weitere Absicherung der Daten aus der Framingham- und PROCAM-Studie heranziehen, die die wichtige Rolle der HDL unterstreichen.

Zum zweiten zeigt das Design dieser Studie, wie etabliert inzwischen eine lipidregulierende Behandlung ist bei Patienten mit nachgewiesener koronarer Herzkrankheit, entsprechender Familienanamnese und erhöhtem Apolipoprotein B (das repräsentativ ist für die atherogene Lipoproteinfraktion): 43 Prozent der Patienten in der Plazebogruppe bekamen 30 g Colestipol, da es von der Ethikkommission als unvertretbar angesehen wurde, solchen Patienten eine lipidsenkende Behandlung vorzuenthalten.

Man wünscht sich, daß das auch in Deutschland so wäre. Diese Studie wurde in den USA durchgeführt, in einem Land also, das bereits zwischen 1970 und 1985 einen Rückgang der Koronartodesfälle um 49 Prozent (bei 30- bis 69jährigen Männern) zu verzeichnen hatte (in Japan waren es von einem niedrigeren Gesamtniveau ausgehend auch immerhin 39 Prozent), während in der ehemaligen BRD eine Abnahme der Koronartodesfälle um 9 Prozent und in der ehemaligen DDR sogar eine Zunahme von 21

Prozent festgestellt wurde. Die stolzen Erfolgszahlen aus den USA sind sicher mitbedingt durch das Wirksamwerden der intensiven bevölkerungsweiten Atherosklerose-Präventionsprogramme. Möglicherweise liegt hier eine der Erklärungen für die unterschiedlichen Trends in den beiden Teilen Deutschlands.

In der Annahme, daß eine unterschiedliche Ernährungsweise in den beiden Gebieten über höhere Serumcholesterinwerte eine weitere Erklärung sein könnte, haben wir einen Städtevergleich durchgeführt: 15.291 Cholesterinmessungen in Leipzig und 8.131 in Nürnberg haben zu unserer Überraschung höhere Werte in Nürnberg (247 mg/dl) als in Leipzig (232 mg/dl) ergeben, wobei die Unterschiede bei den Frauen noch deutlicher waren als bei den Männern. Eine mögliche Erklärung dafür könnte eine kurzfristige Umstellung der Ernährung in Leipzig sein, eine Umstellung auf die dort seit Juli 1990 (unsere Messungen wurden Ende November/Anfang Dezember 1990 durchgeführt) reichlich gekauften fettmodifizierten, fettärmeren und ballaststoffreichen Nahrungsmittel.

Die Vorteile einer gesunden Ernährung sind Hauptgegenstand der vorliegenden Interview-Sammlung der ständig kritisch hinterfragenden Medizin-Journalisten Maria Hacks und Dirk Rohwedder. Der Tenor wird deutlich:

* Jeder einzelne kann durch eine gesündere Lebens- und Ernährungsweise entscheidend dazu beitragen, sein Atheroskleroserisiko deutlich zu vermindern.

* Voraussetzung dafür ist, daß jeder einzelne diese potentielle Gefährdung auch kennt – worauf grundsätzlich jeder einen Anspruch haben sollte.

* Es muß dann in der freien Entscheidung der mündigen Bürgerinnen und Bürger liegen, ob sie von dieser Möglichkeit Gebrauch machen wollen.

* Demzufolge sollte man zum einen die Risikoanalyse für jeden ermöglichen und zum anderen die daraus ableitbaren gesundheitsorientierten Verhaltensweisen praktikabel und allgemeinverständlich zugänglich machen.

* Da eine korrekte Risikobeurteilung nur individuell möglich ist, gehört eine solche Basisanalyse ausschließlich in ärztliche Kompetenz, weil ansonsten leicht mögliche lebenslange Fehlverhaltensweisen das gesamte Präventionskonzept in Frage stellen können.

Drei Beispiele sollen erläutern, was mit dem letzten Punkte gemeint ist: 1. Eine Hpothyreose-bedingte Hypercholesterinämie verlangt keine fettmodifizierte Ernährung oder gar lipidregulierende Pharmaka, sondern die Substitution von Schilddrüsenhormonen. 2. Ein Gesamtcholesterin von 300 mg/dl zu senken, ist völlig falsch, wenn die weitere Analyse ergibt, daß die Hypercholesterinämie auf einer erwünschten HDL-Cholesterinerhöhung von 80 mg/dl basiert. 3. 220 mg/dl Gesamtcholesterin mit einem LDL-Anteil von 140 mg/dl sind bereits behandlungsbedürftig, wenn weitere Risikofaktoren (wie Rauchen, Hypertonie, abdominelle Adipositas) vorliegen oder bereits eine koronare Herzkrankheit manifest ist.

Hier kann nur der Arzt die richtige Weichenstellung vornehmen. Er wird immer ganz individuell eine Gesamtbewertung der Risikokonstellation anstreben und zusammen mit dem Patienten Zielsetzung und daraus abzuleitende Konsequenzen besprechen. Da es dabei immer um eine gegen alle Risiken gerichtete Primär- oder Sekundärprävention geht, kann der informierte Arzt sehr gelassen den immer wieder von Marktinteressen gesteuerten Kampagnen entgegentreten.

Dazu möchte und möge das vorliegende Taschenbuch einen Beitrag leisten.

Peter Schwandt
München, im Juli 1991

Noch ein Wort vorweg

Dies ist innerhalb kurzer Zeit bereits das zweite Buch, in dem wir der interessierten Ärzteschaft aktuelle Interviews zum Thema Fettstoffwechselstörungen vorlegen. Zum einen zeigt die sich verdichtende Datenlage, daß die Mehrheit unserer Bevölkerung – und damit die Mehrheit Ihrer Patienten – Cholesterinwerte aufweisen, die der ärztlichen Aufmerksamkeit bedürfen. Zum anderen hat sich unser Eindruck verstärkt, daß diese notwendige Aufmerksamkeit auf Seiten der Ärzte gelegentlich in zwei Richtungen fehlinterpretiert wird. Für manche Ärzte besteht die Aufmerksamkeit im (vor)schnellen Verordnen eines Lipidsenkers, während andere die von den Konsensus-Konferenzen definierte »kritische Grenze« von 200 mg/dl Gesamtcholesterin für einen rein akademischen Wert halten, der für den praktischen Alltag ohne Relevanz ist.

Schon in unserer ersten Serie von Interviews ist uns immer wieder die Empfehlung begegnet, eine lipidsenkende Therapie mit Diät zu beginnen. Nun ist aber Diät eine eher negativ besetzte Vokabel, die Assoziationen mit Magerkost und anderen wenig freudvollen Begriffen aufkommen läßt.

Muß eine fettreduzierte und fettmodifizierte Kost mit verminderter Lebensqualität einhergehen? Müssen lipidsenkende Ernährungsempfehlungen so kompliziert sein, wie sie vielfach klingen? Gelingt es durch einfache Modifikationen des Speiseplanes tatsächlich, zu hohe Cholesterinspiegel zu senken? Gibt es eine durch Diät zu unterschreitende Grenze, unterhalb derer der Nutzen für den Patienten in ein Risiko umkippt, das möglicherweise dramatischer ist als das leicht- oder mittelgradig erhöhte Gesamtcholesterin? Ist mit der diätetischen Verbesserung des Lipidstatus tatsächlich ein meßbarer Nutzen zu erzielen, oder wird auf diese Weise in Wahrheit nur Laborkosmetik betrieben, die den Aufwand im Grunde nicht lohnt?

Diese und andere Fragen haben wir zehn führenden Experten gestellt. In den meisten Fällen haben wir uns mit den Antworten nicht zufrieden gegeben, sondern den advocatus diaboli gespielt und immer und immer wieder kritisch nachgefaßt. Auf diese Weise glauben wir, ein umfassendes Bild der herrschenden Meinung gezeichnet zu haben – untermauert durch harte Fakten in Maß und Zahl, wo immer diese verfügbar sind.

Wir glauben, der Aufwand hat sich gelohnt. Denn immerhin geht es im Kern nicht um korrigierbare Laborwerte, sondern um Atherosklerose und ihre vielfältigen pathologischen Manifestationen, die nach wie vor für mehr als die Hälfte aller vorzeitigen Todesfälle in unserer Bevölkerung verantwortlich sind.

Wir hoffen, daß die hier vorgelegten Interviews viele Ärzte in der Überzeugung bestärken, daß bestimmt die Hälfte ihrer Patienten mit Hyperlipidämien allein durch eine im Grunde ganz einfache Ernährungsumstellung von ihrem Risikofaktor zu befreien sind. Das Thema hat einen eindeutig präventiven Charakter, und Vorbeugen ist... aber wem erzählen wir das?

Maria Hacks und Dirk Rohwedder
Hamburg, im Juli 1991

Peter Schwandt

Keine Krebsgefahr durch niedriges Cholesterin

vorab veröffentlicht in »Therapiewoche« Nr. 47/90

Peter Schwandt,
München

Professor Dr. med. Peter Schwandt gehört u.a. der New York Academy of Science und der Europäischen Atherosklerose-Gesellschaft an, an deren zweiter Europäischen Konsensus-Konferenz er mitgearbeitet hat. Er ist Vorsitzender der 1988 gegründeten Deutschen Gesellschaft zur Bekämpfung von Fettstoffwechselstörungen und ihren Folgeerkrankungen e. V. (Lipid-Liga) und Begründer der Bayerischen Cholesterin-Aktion.

Frage: Immer wieder tauchen – und das nicht nur in der auf Sensationen bedachten Boulevard-Presse, sondern auch in der Fachliteratur – Berichte auf, nach denen ein Zusammenhang zwischen sehr niedrigen Serum-Cholesterinspiegeln und der Häufigkeit maligner Erkrankungen besteht. Gibt es seriöse und aussagekräftige Daten zu dieser Fragestellung?

Mortalität korreliert mit dem Cholesterin

Schwandt: Diese Frage hat sich in der Vergangenheit immer wieder gestellt, wobei die eigentliche Frage darin besteht, was hier Ursache und was Wirkung ist – also die uralte Frage nach Henne und Ei. Sie fragen nach Daten. Wenn man die Daten der MRFIT-Studie nimmt, in der immerhin mehr als 360.000 Männer einer bestimmten Altersgruppe über einen Zeitraum von 6 Jahren beobachtet worden sind, dann gibt es eine sehr deutliche Korrelation zwischen Cholesterin und Gesamtmortalität. Diese Korrelation läßt sich in Form einer U-förmigen Kurve darstellen: Je niedriger das Cholesterin, desto geringer die Gesamtmortalität, bis zum tiefsten Punkt der Kurve bei Cholesterinspiegeln von etwa 150 mg/dl; bei Werten von 140 mg/dl und weniger steigt die Mortalität dann wieder an.

Frage: Ist es zulässig, aus dieser Korrelation bereits eine Kausalität abzuleiten?

Voreilige Schlußfolgerungen

Schwandt: Ganz genau das ist der springende Punkt, denn in der Tat haben einige aus diesen Daten voreilig die Schlußfolgerung abgeleitet, niedriges Cholesterin bedinge Karzinom- und Malignom-Erkrankungen. Wenn man sich jetzt in derselben Studie die Korrelation zwischen Gesamtmortalität und diastolischem Blutdruck ansieht, dann ergibt sich ein vergleichbarer Zusammenhang wie zwischen Gesamtmortalität und Cholesterin. Also könnte man schlußfolgern, daß niedriger diastolischer Blutdruck Krebs und damit eine erhöhte Gesamtmortalität bedingt. Solchen Unsinn wird zwar niemand behaupten wollen, aber das Beispiel veranschaulicht sehr gut, welche Fülle von Korrelationen man in einer großen Datensammlung finden kann, und wie gefährlich es ist, daraus voreilig Schlußfolgerungen zu ziehen.

Frage: Ist die Korrelation zwischen sehr niedrigem Cholesterin und erhöhter Gesamtmortalität ein Zufall oder gibt es eine Erklärung? Ihre Bemerkung über die Frage nach

Henne und Ei legt die Vermutung nahe, daß es eine solche Erklärung gibt.

Tumoren verbrauchen viel Cholesterin

Schwandt: Man weiß, daß viele Tumoren – das ist in vitro sehr gut untersucht – eine erhöhte LDL-Rezeptor-Aktivität haben, weil der Cholesterinbedarf der Tumorzelle hoch ist. Also wird vermehrt Cholesterin aus der Umgebung aufgenommen, so daß der Cholesterinspiegel im Plasma absinkt. Und nicht nur der Tumorstoffwechsel selbst verbraucht Cholesterin, auch die Tumorproliferation braucht für ihr Zellmembranwachstum Cholesterin – das alles führt dann in der Folge nicht selten zum niedrigen Cholesterinspiegel.

Frage: Also ist das niedrige Cholesterin nicht Ursache, sondern Folge des malignen Prozesses?

Nicht Ursache, sondern Folge

Schwandt: In der Tat gewinnt man als Kliniker den Eindruck, daß man bei Patienten mit sehr niedrigen Cholesterinwerten nach einem Karzinom suchen sollte, denn die beschriebenen Cholesterin-verbrauchenden Prozesse spielen sich nicht selten bereits vor der klinischen Manifestation der Tumor-Erkrankung ab. In diesem Zusammenhang ist noch ein weiterer Aspekt von Interesse: Sehr niedrige Cholesterinwerte gibt es beispielsweise bei den angeborenen Störungen Hypobeta- oder Abetalipoproteinämien. Bei diesen Krankheitsbildern finden Sie extrem niedrige Cholesterinwerte von 30 oder 40 mg/dl. Wenn die These vom sehr niedrigen Cholesterin als Krebsursache stimmt, dann müßte man ja erwarten, daß diese Patienten eine erhöhte Karzinomhäufigkeit aufweisen. Das ist aber nicht der Fall, diese Menschen haben sogar eine höhere Lebenserwartung. Allerdings finden sich bei diesen Patienten Membranschädigungen der Darmepithelien und auch der Erythrozyten – d. h. bei extrem niedrigen Cholesterinwerten ist es um die Membranstabilität nicht optimal bestellt.

Die kritische Grenze liegt viel tiefer

Aber: Für Cholesterinwerte gegen Null plädieren wir ja gar nicht. Es gibt Berechnungen, nach denen 25 mg/dl LDL-Cholesterin ausreichen, um die Gesamtbedürfnisse des Organismus zu befriedigen. Das heißt also: Wir sind mit unseren Empfehlungen zur Senkung des Gesamtcholesterins auf minimal 150 mg/dl um mehr als den Faktor 3 von dieser kritischen Grenze entfernt. Im übrigen lassen sich mit diätetischen Maßnahmen gar keine so extremen Senkungen des Gesamtcholesterins erreichen, daß daraus abnorm niedrige Meßwerte von weniger als 100 mg/dl resultieren.

Frage: Auch wenn es banal klingt: Formulieren Sie bitte noch einmal das Anliegen der Europäischen Atherosklerose-Gesellschaft und der Deutschen Lipid-Liga.

Gefährlich ist nur das Zuviel

Schwandt: Cholesterin ist per se nichts Schlechtes; es wird gebraucht für die Membranstabilität, für die Steroidsynthese, für die Gallensäuresynthese. Wie wichtig dem Organismus das Cholesterin ist, sieht man an der enterohepatischen Rezirkulation der Gallensäure. In der Leberzelle entstehen aus Cholesterin Gallensäuren; die nicht gebrauchten Gallensäuren holt sich der Organismus über den enterohepatischen Kreislauf aus dem Darm zurück in die Leber, um seinen Cholesterinbestand zu schonen. Unser Anliegen in Aufklärung und Therapie ist die Tatsache, daß nicht das wichtige und notwendige Cholesterin an sich, sondern das Zuviel an Cholesterin gefährlich ist.

Diskrepanz in den Empfehlungen

Frage: Lassen Sie uns auf das Feld der Ernährung und Ernährungsempfehlungen überwechseln. Es gibt wissenschaftlich begründete Diätempfehlungen, die Menschen mit erhöhtem Cholesterinspiegel nahelegen, Nahrungsmittel mit hohem Cholesteringehalt und/oder mit großen Anteilen tierischer Fette einzuschränken. Daneben wirbt die Landwirtschaftslobby, konkret die Centrale Marketingesellschaft der deutschen Agrarwirtschaft, in der Laienpresse und in ärztlichen Fachblättern mit der Aussage, Milch, Butter, Käse, Eier und Fleisch seien gestern, heute und morgen wichtiger Bestandteil einer gesunden Ernährung. Es können nicht beide Positionen gleichzeitig richtig sein.

3 Kernpunkte für eine gesunde Ernährung

Schwandt: Ich lasse mich ungern in Marketing-Strategien und Werbeaussagen hineinziehen. Kein vernünftiger Mensch wird fordern, daß wir nur mehrfach ungesättigte Fettsäuren essen sollen, denn kein Mensch hat Daten dafür, daß der Verzehr von Butter oder Eiern generell krank macht. Ebenso hat kein Mensch Daten dafür, daß der kritiklose Verzehr von Butter oder Eiern generell unbedenklich ist. Wenn wir einmal die Marketing-Strategie der Landwirtschaft außer acht lassen, so muß man feststellen, daß es einen weltweiten wissenschaftlichen Konsensus hinsichtlich der Ernährungsempfehlungen gibt, der in 3 Kernpunkten zusammengefaßt werden kann: 1. Die Nahrungsenergie sollte zu 30 Prozent aus Fetten gedeckt werden. Das bedeutet für unsere Bevölkerung mit einem durchschnittlichen Fettverzehr von 40 bis 42 Prozent Fett, bezogen auf die Gesamt-Nahrungsenergie, daß wir insgesamt unseren Fettkonsum reduzieren müssen. 2. Die mit der Nahrung zugeführten Fette sollten gedrittelt werden, sie sollten zu einem Drittel aus gesättigten, zu einem Drittel aus einfach ungesättigten und zu einem Drittel aus mehrfach ungesättigten Fettsäuren bestehen. 3. Die Cholesterinaufnahme aus der Nahrung sollte pro Tag nicht mehr als 300 mg betragen.

Frage: Wie ist beispielsweise die Empfehlung, die Fettsäurenzufuhr zu dritteln, für den Bürger in die Tat umzusetzen?

Konkrete Hilfen für den Einkauf

Schwandt: Hierfür gibt es entsprechende Nährwerttabellen im Buchhandel, beispielsweise herausgegeben von der Deutschen Gesellschaft für Ernährung. Außerdem gibt es verschiedene Kochbücher, an denen namhafte Lipidologen mitgearbeitet haben. Und schließlich ist die neugegründete Lipid-Liga dabei, entsprechendes Informationsmaterial zu erarbeiten, das »erlaubte« und »nicht empfohlene« Nahrungsmittel so auflistet, daß die Bevölkerung konkrete Hilfe für die Einkaufsliste erhält. Dazu ist allerdings auch ein Entgegenkommen der Nahrungsmittelindustrie erforderlich, indem sie die Bestandteile der von ihr hergestellten Waren vernünftig und verständlich deklariert. Hierzu ein Besipiel: Die generelle Empfehlung, Margarine zu essen, ist völlig unsinnig. Einen Sinn bekommt die Empfehlung erst dann, wenn auf der Margarine-Packung sowohl Fettsäuregehalt als auch -zusammensetzung angegeben sind.

Frage: Die Forderung, die Bestandteile von Nahrungsmitteln zu deklarieren, ist sicher sinnvoll, aber im Rahmen des kommenden europäischen Binnenmarktes sind hier ja wohl ganz konkrete Schwierigkeiten zu erwarten. Wie will man einem Metzger vorschreiben, zu deklarieren, welche Fette in der von ihm hergestellten Wurst stecken?

Auf versteckte Fette achten

Schwandt: Diese Schwierigkeiten wird es in der Tat geben. Aber hier kann man der Bevölkerung mit dem allgemeinen Hinweis helfen, daß gerade die versteckten Fette gefährlich sind. Bei ihnen handelt es sich überwiegend um gesättigte oder einfach ungesättigte Fettsäuren, die hauptsächlich in Produkten tierischen Ursprungs enthalten sind.

Frage: Lassen Sie uns bitte kurz auf konkrete Diätempfehlungen zur Behandlung der Hyperlipidämie eingehen. Was ist in der Kategorie Speisefette und -öle empfehlenswert, was in Maßen geeignet und was nicht geeignet?

Fettsäurensorten dritteln und maßhalten

Schwandt: So kann man eigentlich gar nicht fragen, denn alles ist geeignet, wenn es in vernünftigen Mengen gegessen wird! Empfehlenswert ist grundsätzlich die Mengeneinschränkung im Verzehr von Speisefetten. Gut geeignet sind – maßvoll verwendet – Speiseöle und Margarinen mit mindestens 50 Prozent mehrfach ungesättigten Fettsäuren (Linolsäure), wie z. B. Diät-Margarine, Distelöl, Sonnenblumenöl, Maiskeimöl, Weizenkeimöl, Sojaöl, Nußöl. Auch das ganz überwiegend aus einfach ungesättigten Fettsäuren bestehende Olivenöl gehört in diese Kategorie. Nicht geeignet ist ein Übermaß an Butter, Butterschmalz, Schweine- und Gänseschmalz, Lebertran, Kokosfett, Palmöl, Palmkernfett, harte Speisefette bzw. Margarinesorten auf der Basis tierischer Fette. Das alles aber – wie mehrfach betont – in ausgewogenem Verhältnis, also von jeder Fettsäurensorte jeweils ein Drittel.

Frage: Und wie sieht es bei Fleisch und Fleischerzeugnissen aus?

Keine Verbote

Schwandt: Um bei Patienten mit erhöhten Blutfetten den oben genannten Forderungen gerecht werden zu können, empfiehlt die Europäische Atherosklerose-Gesellschaft Hähnchen ohne Haut, Kalbfleisch, Kaninchen, Wild, Wildgeflügel, Tatar, Rind- und Kalbfleischsülze, Corned beef, Geflügelwurst, fettmodifizierte Diät-Wurst sowie Spezialwurstsorten unter 10 Prozent Fett. In Maßen geeignet sind mageres Fleisch vom Rind, Schwein und Lamm ohne sichtbares Fett, magerer Schinken roh oder gekocht. Als nicht geeignet zum Erreichen obiger Ziele sind eingestuft ein Übermaß an durchwachsenem und fettem Fleisch aller Art, sichtbarem Fett an Fleisch, Schweinemett, Speck, Fleischkonserven, Gans, Ente, Innereien aller Art, Schinkenspeck und sichtbarem Fett an Schinken, handelsüblichen fettreichen Wurstsorten sowie Fleisch- und Wurstpasteten. Aber, wie gesagt, all das bezieht sich nur auf das jeweilige Zuviel – in Maßen ist das alles erlaubt!

Frage: Ist Fisch generell zu empfehlen oder gibt es auch hier Abstufungen – immer bezogen auf eine ausgewogene Fettzufuhr bei Patienten mit Hyperlipidämie?

Schwandt: Empfehlenswert sind Magerfische aller Art wie Kabeljau, Seelachs, Rotbarsch, Scholle und Forelle. Aber auch fettreichere Fischarten wie Hering, Makrele, Thunfisch und Lachs sind wegen ihrer günstigen Fettsäurezusammensetzung geeignet. Nicht geeignet für eine fettarme Ernährung dagegen sind Aal, Kaviar, Fischfrikadellen und stark gesalzene Fischerzeugnisse.

Fast jeder Fisch ist zu empfehlen

Frage: Nun gibt es aber immer wieder Stimmen, die den Nutzen einer diätetischen oder medikamentösen Intervention bei mittelgradig erhöhten Cholesterinwerten in Frage stellen?

Schwandt: Man muß klar erkennen, daß das Stimmen von Außenseitern sind. Man kann gar nicht oft genug hervorheben, daß Intervention oberhalb von 250 mg/dl Gesamtcholesterin zum einen notwendig und sinnvoll und zum anderen

Gute Gründe für eine Intervention auf breiter Front

ungefährlich ist – in speziellen Fällen mit gleichzeitig bestehenden mehreren anderen Risikofaktoren auch schon im Bereich zwischen 200 und 250 mg/dl. Hauptgrund ist bei uns eine weitgehend unverändert hohe kardiovaskuläre Mortalität: Jeder zweite Deutsche stirbt daran. Daß Intervention sinnvoll ist, zeigen Beispiele wie Finnland und Amerika. In den USA ist die Sterblichkeit an koronaren Herzerkrankungen in der Zeit von 1972 bis 1986 um 38,8 Prozent zurückgegangen. Das ist ein überzeugender Beweis, daß sich Intervention auf breiter Front lohnt.

Frage: Sie sprachen das amerikanische Cholesterol-Education-Program bereits an. Mittel- und langfristig überwiegt bei derartigen Interventions- und Aufklärungskampagnen ganz eindeutig der Nutzen, kurzfristig entstehen jedoch Kosten. Wie sind diese zu finanzieren?

Prävention ist heute mehr denn je gefragt

Schwandt: Geld ist bei uns ja vorhanden. Man muß sich nur fragen, ob es richtig verteilt ist. In unserem Gesundheitssystem werden immer noch 95 Prozent des Geldes für kurative Maßnahmen ausgegeben und nur 5 Prozent für die Prävention. Das mag 1920 vielleicht richtig gewesen sein, damals standen Infektionskrankheiten mit weitem Abstand an der Spitze der Todesursachenstatistik, während Herz-Kreislauf-Erkrankungen ganz nachrangig waren. Heute machen Infektionen nicht einmal mehr 1 Prozent der Todesursachen aus, Herz-Kreislauf-Erkrankungen jedoch 50 Prozent. Und wir wissen heute, daß die Herz-Kreislauf-Erkrankungen an ihren Risikofaktoren rechtzeitig erkennbar sind, sich anzeigen. Und wir wissen weiter, daß wir bei rechtzeitiger Intervention die Häufigkeit manifester Herz-Kreislauf-Erkrankungen zurückdrängen können. Also brauchen wir ein Programm, das in längeren Zeiträumen rechnet und das nicht nur auf den unmittelbar und sofort erzielbaren Benefit schaut, sondern den Benefit von morgen heute vorfinanziert. Hier sind die Politiker gefragt.

Markolf Hanefeld

Fettmodifizierte Diät verlängert das Leben

vorab veröffentlicht in »top medizin« Nr. 9/90

Markolf
Hanefeld,
Dresden

Professor Dr. sc. med. Markolf Hanefeld beschäftigt sich seit Beginn seiner Tätigkeit in Klinik und Forschung mit Stoffwechselfragen. 1969 gründete er die erste Lipid-Ambulanz in der DDR, seit 1974 ist er Mitglied der Europäischen Atherosklerose-Gesellschaft. Er ist Teilnehmer der Europäischen Konsensus-Konferenzen und Leiter der Abteilung Fettstoffwechselstörungen der Medizinischen Akademie C.G. Carus in Dresden. Das Interview wurde Anfang April 1990 geführt.

Frage: Verändert man mit diätetischer Intervention bei Patienten mit Hyperlipidämien lediglich den Laborwert oder tut man damit den Patienten effektiv etwas Gutes?

Hanefeld: Der Nachweis, daß Diät weit mehr ist als Laborwert-Kosmetik, ist sehr solide erbracht. Es gibt eine ganze Reihe älterer Diät-Studien, aus denen die Empfehlung abgeleitet wurde, den Fettgehalt der Nahrung auf 30 bis 35 Prozent zu senken, den Verzehr pflanzlicher Fette mit mehrfach ungesättigten Fettsäuren wesentlich zu erhöhen und den Verzehr tierischer Fette mit ihrem hohen Anteil gesättigter Fettsäuren deutlich zu senken. Diese Empfehlung resultierte aus der Erkenntnis, daß an der Cholesterinsenkung im Blut zu etwa 2/3 die Reduzierung der gesättigten Fettsäuren beteiligt ist und zu etwa 1/3 die Erhöhung der mehrfach ungesättigten Fettsäuren. Das heißt konkret: Wenn man 1 g gesättigte Fette zu sich nimmt, bräuchte man 2 g mehrfach ungesättigte Fette, um das zu neutralisieren.

Der Nutzen fettreduzierter Diäten ist belegt

Frage: In welchem Maße kann Diät den Cholesterinspiegel senken? Und vor allem: Welchen Effekt hat das für den Patienten?

Faustregel zur Infarktinzidenz

Hanefeld: Die frühen Studien waren noch recht undifferenzierte Untersuchungen zumeist an Patienten, die bereits einen Infarkt erlitten hatten. Doch schon diese Studien haben erbracht, daß Diät den Cholesterinspiegel um 10 bis 20 Prozent senken kann, wobei sich zeigte – und diese Faustregel wurde durch spätere kontrollierte Studien bestätigt –, daß im Mittel ein Abfall des Cholesterins im Blut um ein Prozent zu einem Rückgang der Infarktinzidenz um zwei Prozent korrespondiert. Was aber in diesen früheren Studien niemals nachgewiesen wurde – und das ist ja die eigentliche Gretchenfrage der Lipidhypothese zur Entstehung der Atherosklerose –, ist die Senkung der Gesamtsterblichkeit.

Frage: Aber es gibt doch auch Ernährungsstudien, in denen auch die Gesamtmortalität gesenkt wurde?

Diese Studienergebnisse überzeugen

Hanefeld: Die erste Ernährungsstudie, in der auch die Gesamtmortalität gesenkt wurde, war die Oslo-Studie, die allerdings einige Besonderheiten aufweist: Erstens wurde in ihr nicht nur das Cholesterin gesenkt, sondern gleichzeitig auch das Rauchen bekämpft. Zweitens startete die Studie bei dem relativ hohen

Ausgangswert von über 300 mg/dl Gesamtcholesterin. Heute ist allgemein anerkannt, daß der therapeutische Effekt und auch der Gesamtnutzen um so größer ausfallen, je höher die Ausgangswerte sind. Eine ebenfalls sehr überzeugende Studie wurde an psychiatrischen Patienten in zwei finnischen Kliniken durchgeführt.

Erfolge auch mit moderater Diät

Dort hat man lediglich Butter gegen sog. Soft-Margarine und Milch gegen eine Sojaöl-in-Magermilch-Emulsion ausgetauscht – und zwar zunächst für sechs Jahre in einer Klinik, wonach die Diät für weitere sechs Jahre gewechselt wurde, so daß die jeweils andere Klinik als Kontrolle mit Normalkost diente. Auch in dieser Untersuchung lagen die Ausgangswerte ähnlich hoch wie in der Oslo-Studie. In der finnischen Studie sank allein aufgrund der im Grunde sehr moderaten Diät der Cholesterinspiegel um 20 Prozent. Die Inzidenz neuer Herzerkrankungen lag jeweils in der Interventionsgruppe mit 4,2/1000 Jahre signifikant unter der konventionell ernährten Kontrollgruppe mit 12,7/1000 Jahre. Auch die Zahl der Herztodesfälle war deutlich niedriger: 3,0/1000 Jahre versus 6,1/1000 Jahre.

Frage: Inzwischen gibt es eine amerikanische Studie mit dem recht langen Beobachtungszeitraum von 20 Jahren. Können Sie über diese Untersuchung etwas berichten?

Junges Kollektiv 20 Jahre kontrolliert

Hanefeld: Diese Western-Electric-Study zeichnet sich zum einen durch den langen Beobachtungszeitraum aus, zum anderen durch ihr relativ junges Kollektiv. In dieser Studie kommt sehr eindrucksvoll heraus, daß die Senkung der Cholesterinaufnahme von 900 auf unter 300 mg/die mit einer Lebensverlängerung von 3,8 Jahren einhergeht. Diese direkte Beziehung zwischen Nahrungskomponenten und Lebensverlängerung ist mit dieser Studie erstmals nachgewiesen worden. Sie stellt sozusagen den Schlußstein in der Beweisführung dar.

Frage: Worin bestand in der Western-Electric-Study die diätetische Intervention?

Eindeutig lebensverlängernder Effekt

Hanefeld: Hier wurden gezielt die Fette in der Nahrung modifiziert, d. h. gesättigte gegen mehrfach ungesättigte Fettsäuren ausgetauscht und die exogene Cholesterinzufuhr reduziert. Neu und interessant an der Western-Electric-Study ist für mich zweierlei: Zum einen wurde erstmals nicht nur die Koronarsterblichkeit, sondern auch die Gesamtmortalität gesenkt, zum anderen geht der lebensverlängernde Effekt deutlich über das hinaus, was man von der reinen Cholesterinsenkung her hätte erwarten können. Im Grunde hat diese Diät-Studie mehr erbracht als die bisherigen Medikamentenstudien, in denen zwar die Koronarsterblichkeit, nicht jedoch die Gesamtmortalität gesenkt werden konnte.

Frage: Lassen Sie uns nach Deutschland zurückkehren. Haben wir in der DDR und in der Bundesrepublik vergleichbare Ausgangssituationen?

Es haperte an der Auswahl von Diät-Produkten

Hanefeld: Der Fettverzehr in der DDR liegt bei 40 bis 45 Prozent der Gesamtnahrungsenergie, da nehmen sich die beiden deutschen Staaten nichts. Allerdings ist in der Bundesrepublik der PS-Quotient besser als in der DDR. Das hängt damit zusammen, daß bei uns nach wie vor die Butter dominiert, daß es bei uns derzeit noch nicht das aus der Bundesrepublik bekannte breite Angebot an Pflanzen- und Diät-Margarinen gibt. Auch das Angebot an fettreduzierten Milchsorten und fettreduzierten sowie fettmodifizierten Diätprodukten ist bei uns noch nicht reichhaltig genug. Auch ein dotterfreies Ei fehlt bei uns leider noch. Aus all diesen Gründen erklärt sich, daß der PS-Quotient, der das Verhältnis von mehrfach ungesättigten zu gesättigten Fettsäuren angibt, in der DDR bei 0,28 liegt, während er in der Bundesrepublik 0,36 beträgt.

Frage: Die DDR hat an den Europäischen Konsensus-Konferenzen teilgenommen, Sie selbst haben vor 21 Jahren die erste Lipid-Ambulanz in der DDR ins Leben gerufen; was haben Sie bisher erreichen können?

Erfolge mit intensiver Diät-Schulung

Hanefeld: Daß auch in der DDR erfolgreich eine Modifikation des Fettverzehrs möglich ist, beweist die von uns durchgeführte Diabetes-Interventionsstudie bei Typ-2-Diabetikern. Hier gelang durch intensivierte Diätschulung eine Anhebung des P/S-Quotienten auf 0,5. Auf Bevölkerungsebene besteht aber ein erheblicher Nachholebedarf. Weniger als 10 Prozent der Patienten mit Fettstoffwechselstörungen sind überhaupt erfaßt. Der extrem hohe Fettverzehr in der DDR liegt nicht zuletzt an der absolut unzureichenden Versorgungslage mit fettarmen Nahrungsmitteln, da in den Fleischerläden meist nur fettes Schweinefleisch und Wurstsorten mit mehr als 50 Prozent Fett zu haben sind. Mageres Edelfleisch wurde bisher weitgehend exportiert.

Frage: Wo liegen aus der Sicht des Lipidologen die Hauptsünden in der Ernährung?

Hanefeld: Zunächst im zu vielen Fett, wobei als Hauptfettlieferanten vor allem Fleisch, Butter, Wurst und fetter Käse anzuklagen sind. Dabei sind die geforderten 30 bis 35 Prozent Fett – bezogen auf die Gesamtnahrungsenergie – statt der heute noch üblichen 40 bis 45 Prozent beileibe keine Magerkost. Niemand kann sich damit herausreden, er brauche das viele Fett zu seinem Wohlbefinden oder zur Erhaltung seiner Leistungsfähigkeit.

Der Sündenbock Nr. 1 ist zu viel Fett...

Der zweite Punkt ist, daß die Fettqualität nicht stimmt, daß zu viele gesättigte Fettsäuren tierischer Herkunft verzehrt werden. Unglücklicherweise nehmen die Deutschen ausgerechnet viel zu viel Milchfett zu sich, das überwiegend aus Palmitinsäure besteht. Das ist unter den gesättigten Fettsäuren diejenige, die den stärksten LDL-Anstieg bewirkt. Ähnlich negativ ist auch die Laurin-

...Nr. 2 ist die Fettqualität...

säure einzustufen, die man in Produkten findet, die aus gehärtetem Palmkern- oder Kokosfett bestehen. Die dritte Hauptsünde ist die zu hohe Cholesterinaufnahme aufgrund des täglichen Eierkonsums. Die Empfehlung muß lauten: höchstens ein bis zwei Eier pro Woche. Innereien wie Leber sollten am besten gar nicht, höchstens jedoch ein- bis zweimal pro Monat auf dem Speiseplan stehen.

...Nr. 3 sind zu viele Eier

Frage: Es stehen sehr potente Lipidsenker zur Verfügung. Weswegen wird in der Therapie dennoch stets eine Diätphase vorgeschaltet?

Bei etwa der Hälfte mit Diät ans Ziel

Hanefeld: Weil man sehr viele, wahrscheinlich sogar mehr als 50 Prozent der Patienten mit Hypercholesterinämie erfolgreich mit Allgemeinmaßnahmen behandeln, ihnen also die in aller Regel lebenslange Einnahme eines Medikamentes ersparen kann, über dessen Langzeit-Nebenwirkungen wir noch gar nichts sagen können, wenn man an die neuen HMG-Co-A-Reduktasehemmer denkt. Bevor man einen Lipidsenker verordnet, sollte man grundsätzlich für mindestens vier bis sechs Monate vier Dinge berücksichtigen: 1. Die Diät in dem bereits besprochenen Sinn.

2. Übergewicht abbauen, weil das – mit Ausnahme der familiären Hypercholesterinämie – allein schon eine Cholesterinsenkung von 20 bis 30 mg/dl bringt. 3. Adäquate physische Konditionierung durch Ausdauersportarten mit dem Ziel, den Ruhepuls auf 60 oder weniger Schläge pro Minute zu senken; dieser Daumenwert kann als Hinweis auf eine ordentliche aerobe Kapazität gelten. 4. Gründliche Suche nach anderen als ernährungsbedingten Gründen für ein atherogenes Lipoproteinprofil; dazu gehören Medikamente wie Kontrazeptiva, Thiazide oder nicht selektive Betablokker sowie Krankheiten wie etwa eine latente Hypothyreose.

Frage: Sie haben die physische Konditionierung angesprochen. Welche Effekte sind von ihr zu erwarten?

Ausdauersport mit günstigen Effekten

Hanefeld: Wir haben die Frage »Sport und Lebenserwartung« recht intensiv untersucht und dabei gefunden, was wahrscheinlich auch für die Diät gilt: Es gelingt, bis ins hohe Alter, sozusagen bis zum Ablaufen des genetischen Programms, eine relativ gute Leistungsfähigkeit zu erhalten. Ob es auch gelingt, das Leben meßbar zu verlängern, steht auf einem anderen Blatt. Ausdauersportarten, nicht dagegen anaerobe Sportdisziplinen, senken deutlich die VLDL, die man im allgemeinen mit der Triglycerid-Bestimmung erfaßt, senken die LDL nur unwesentlich und erhöhen die protektiven HDL stark. Um diese Effekte zu erzielen, müssen allerdings mindestens 60 Prozent des maximalen Sauerstoffleistungsvermögens ausgelastet werden, was sich dem Patienten durch einen merklichen Pulsanstieg mitteilt. Jüngere müssen hierfür mehr oder weniger lange mehr oder minder stark joggen, Rad fahren, schwimmen oder Ski laufen; bei Älteren reicht vielfach schon ein halbstündiger Spaziergang in forciertem Tempo, der mindestens zweimal wöchentlich auf dem Programm stehen sollte.

Frage: Zurück zur Diät: Wie motivieren Sie Ihre Patienten zu einer lebenslangen Ernährungsumstellung?

Erfolgreiche Patienten als Leitbilder

Hanefeld: Ich versuche nicht anzuordnen, sondern zu argumentieren und die Patienten als Partner einzubeziehen. Ich versuche, eine optimistische Grundhaltung zu erzeugen und stelle den Patienten in Aussicht, daß sie leistungsfähiger werden, daß sie beispielsweise weniger Medikamente brauchen, um ihre Angina pectoris in Schach zu halten. Ich bin fest davon überzeugt, und das versuche ich zu vermitteln, daß die Patienten durch diese Diät ihr Schicksal nachhaltig positiv beeinflussen können. Ganz konkret versuche ich, erfolgreiche Patienten als Leitbilder aufzubauen, die sich 20 Jahre lang ihren Reinfarkt vom Leibe gehalten haben, indem sie sich konsequent der Diät unterworfen haben. Die beste Motivation ist das Vorführen eines erlebten Nutzeffektes.

Weniger Medikamente

Frage: Wie viele Patienten akzeptieren die Diät? Wie hoch ist der Prozentsatz der Non-Responder?

Hanefeld: Das ist eine Frage der Motivation der Patienten, die wiederum davon abhängt, wie ausgeprägt das öffentliche Bewußtsein in einer Population ist. Daß man in der Gesamtbevölkerung wesentliche Cholesterinsenkungen und damit einhergehende deutliche Risikominderungen erreichen kann, zeigen die Amerikaner. Für mich fast noch eindrucksvoller ist der Effekt bei den Finnen, die man als sehr rationell denkende Nordländer mit festgefügten Lebensgewohnheiten

Öffentliche Kampagnen sind zu fordern

nicht leicht zu etwas überreden kann. Entschließt man sich zu einer entsprechenden öffentlichen Kampagne und betreibt sie auf allen Ebenen engagiert, ist sehr viel zu erreichen. Eine solche Kampagne brauchen wir auch in Deutschland.

Frage: Was steht einer solchen Kampagne im Wege?

Vorbildliches Verhalten von Staatsmännern

Hanefeld: Einerseits verdienen diejenigen, die ungesunde Nahrungsmittel mit viel tierischem Fett und viel Cholesterin produzieren, offensichtlich immer noch mehr als die Produzenten gesunder Lebensmittel – und verfügen damit über eine entsprechend starke Lobby; zumindest in der alten DDR war das so. Andererseits ist in der öffentlichen Meinung in beiden deutschen Staaten noch nicht der Durchbruch bezüglich der Anerkennung der Tatsache gelungen, daß ein Cholesterinbekämpfungsprogramm der wichtigste Hebel zur Bekämpfung atherosklerotischer Gefäßkrankheiten ist. Die dazu notwendige Einschränkung und Modifikation des Fettverzehrs, der Verzicht auf überkalorische Ernährung findet nicht die notwendige Unterstützung bei deutschen Spitzenpolitikern. Dagegen sind der amerikanische Präsident

Bush und sein finnischer Amtskollege durchtrainierte und sich gesundheitsbewußt ernährende Menschen, die sich in der Öffentlichkeit auch überzeugend zum Nutzen einer gesundheitsfördernden Eß- und Lebensweise geäußert haben. Eine offensive Öffentlichkeitsarbeit mit starker Unterstützung aller Meinungsbildner muß jetzt auch für Deutschland durchgesetzt werden.

Frage: Wie kann man die breite Ärzteschaft motivieren, das Thema Fettstoffwechselstörungen ernster zu nehmen?

Diese Patienten zu beeinflussen lohnt sich

Hanefeld: Patienten mit Fettstoffwechselstörungen stellen ein riesengroßes Kollektiv dar. Die Erkrankung ist – wenn man sich mit ihr ein wenig befaßt – hervorragend zu beeinflussen. Beeinflußt man sie, trägt man meßbar zur Lebensqualität der Patienten bei, wahrscheinlich sogar zu ihrer Lebensverlängerung. Man kann bei der Behandlung eigentlich wenig falsch machen – außer man ignoriert die Behandlungsnotwendigkeit. Und Patienten mit Fettstoffwechselstörungen bedürfen einer Langzeitbehandlung. Ethisch, medizinisch und wirtschaftlich gibt es eigentlich nur Argumente, die klar dafür sprechen, sich dieser Patienten mit Nachdruck anzunehmen. Wer zu Gruppenarbeit neigt, findet hier ebenfalls ganz hervorragende Möglichkeiten zur Diätberatung.

Frage: Sind wir eigentlich zu stark aufs Cholesterin fixiert, vernachlässigen wir die Triglyceride als Risikofaktor?

Den Triglyceriden mehr Aufmerksamkeit schenken

Hanefeld: Bei der Gewinnung relevanter Triglycerid-Werte gibt es methodische Schwierigkeiten, außerdem sind die Spiegel starken physiologischen Schwankungen unterworfen. Wir bestimmen heute die Triglyceride aus Nüchternplasma, obgleich uns eigentlich die postprandialen Werte interessieren müßten. Die Triglyceride repräsentieren im wesentlichen die VLDL und die Chylomikronen, wobei wir wissen, daß es innerhalb der VLDL Subfraktionen gibt, von denen manche sehr atherogen, andere weniger atherogen sind. Generell ist heute noch die prognostische Aussagekraft einer Hypertriglyceridämie nicht sehr hoch. Ganz anders ist das bei klar definierten Subpopulationen: bei Diabetikern, bei Hypertonikern und bei Frauen. Bei Frauen ist eine Hypertriglyceridämie insgesamt sehr viel seltener als bei Männern – wenn sie aber vorliegt, ist sie ein hochrangiger Risikofaktor, ohne daß wir die Gründe hierfür bereits bis in alle Einzelheiten kennen. Der Trend geht ganz eindeutig dahin, den Triglyceriden mehr Aufmerksamkeit zu schenken. Wir selbst haben mit unserer Dresdener HLP-Studie nachgewiesen, daß einer gezielten und drastischen Triglyceridsenkung koronarpräventive Bedeutung beizumessen ist.

Frage: Kann sich der offensichtliche Nutzen der Senkung erhöhter Cholesterinwerte auch ins Gegenteil umkehren? Gelegentlich war von höherer Tumorinzidenz unter lipidsenkender Therapie die Rede.

Ein nicht geklärtes Phänomen

Hanefeld: Beleuchtet man alle Daten kritisch, die zu dieser Fragestellung bisher veröffentlicht sind, so läßt sich ganz eindeutig sagen: Eine erhöhte Neoplasierate unter cholesterinsenkenden Maßnahmen ist nicht nachzuweisen. Das Ansteigen von Todesfällen aus nichtnatürlichen und nichtkardialen Ursachen in drei großen Studien zur primären Prävention mit medikamentöser Lipidsenkung ist ein bis heute nicht restlos geklärtes Phänomen, das in den Diät-Studien nicht beobachtet wurde.

Gerald Klose

Sind ungesättigte Fettsäuren in Wirklichkeit schädlich?

vorab veröffentlicht in »Gourmed« Nr. 5/91

Gerald Klose,
Bremen

Professor Dr. med. Gerald Klose ist Schettler-Schüler und war später Oberarzt an der Medizinischen Kern- und Poliklinik des Universitäts-Krankenhauses Eppendorf in Hamburg. Seit 1987 ist er Direktor der Medizinischen Klinik des Krankenhauses Links der Weser in Bremen.

Frage: In einigen ausländischen Publikumsmedien finden sich von Zeit zu Zeit Veröffentlichungen, die infragestellen, daß es zur Prävention von Herz-Kreislauf-Erkrankungen günstig ist, sich einer fettmodifizierten Diät zu unterziehen, die reich an mehrfach ungesättigten Fettsäuren ist. Hierbei handelt es sich um Interpretationen nicht näher ausgewiesener wissenschaftlicher Untersuchungen, nach denen nicht das Cholesterin selbst eine Atherosklerose induziert; vielmehr müßten weitere Faktoren hinzukommen, damit bestimmte Cholesterinkonzentrationen Gefäßschäden hervorrufen. Unter diesen manifestationsfördernden Faktoren wird der Oxidation von Lipoproteinen eine zentrale Rolle beigemessen. Widerspricht das der zur Zeit favorisierten Cholesterin-Hypothese der Atherosklerose-Entstehung?

Cholesterin-Hypothese contra Lipoprotein-Oxidation

Klose: Daß die Cholesterinkonzentration allein nicht dosisabhängig eine Atherosklerose hervorruft, ist eine seit Jahrzehnten bekannte Tatsache, die jeder kennt. Mit anderen Worten: Es besteht nicht bei jedem Individuum mit gleicher Cholesterinkonzentration das gleiche Risiko, vielmehr bedarf es zur Entstehung der Atherosklerose weiterer Determinanten, die metabolisch sein können, die aber auch in Umweltfaktoren liegen könen, oder die hämodynamisch sein können. Die zentrale Aussage der von Ihnen genannten Presseinterpretationen wissenschaftlicher Daten, die auch mir nicht im Detail bekannt sind, lautet: Mehrfach ungesättigte Fettsäuren sind besonders wenig zur Atherosklerose-Prävention geeignet, da sie eventuell die Oxidation von Lipoproteinen begünstigen und sie somit eher atherogener machen. Dahinter steckt ein Wiederaufflammen des Streits, ob die gesundheitsbezogene Werbung von Margarine- und Fettherstellern angemessen ist. Bei uns hat sich hierfür der Begriff »Butter-Margarine-Krieg« etabliert. Ich sehe mit Interesse, daß es so etwas auch im Ausland gibt.

Frage: Um welchen Kern kreisen diese Auseinandersetzungen?

Die epidemiologischen Daten sind eindeutig

Klose: Um die seit langem bekannte und von niemandem bestrittene Tatsache, daß erhöhte Cholesterinkonzentrationen nicht bei jedem zwangsläufig schädigend wirken. Es ist aber auch lange bekannt, daß das Risiko einer Population, an Herz-Kreislauf-Erkrankungen zu sterben, umso höher ist, je höher die durchschnittliche Cholesterinkonzentration in dieser Population ist. Das ist eine einfache und klare statistische Aussage, die nicht durch die Tatsache widerlegt oder auch nur abgeschwächt wird, daß es in dieser Population eine Anzahl von Individuen gibt, die trotz hoher Cholesterinkonzentrationen kerngesund alt wird. Nehmen Sie ein anderes Beispiel: Die epidemiologisch bewiesene Tatsache, daß Rauchen der Gesundheit schadet, wird nicht durch die Existenz alter Raucher widerlegt.

Frage: Läßt sich das Problem auch mit Begriffen der Statistik beschreiben?

Individuelles und statistisches Risiko

Klose: Das Problem ist die mangelnde Spezifität der Cholesterinkonzentration für die individuelle Prognose bezüglich kardiovaskulärer Erkrankungen. Mit anderen, einfacheren Worten: Wenn man von einem Individuum nur den Cholesterinwert kennt, kann man für dieses Individuum nur sehr begrenzt eine prognostische Aussage treffen. Betrachtet man dagegen eine Bevölkerung mit einem Cholesterinmittelwert von 240 mg/dl und vergleicht sie mit einer Bevölkerung mit einem mittleren Cholesterin von

160 mg/dl, dann haben diese beiden Populationen ein überaus deutlich unterschiedliches Infarktrisiko. Die Sensitivität der unteren Cholesterinkonzentration ist sehr hoch. Das bedeutet: Unter 200 mg/dl Cholesterin gibt es kaum noch Herzinfarkt-Kandidaten. Die eingeschränkte Spezifität bedeutet: Oberhalb dieser Marke häufen sich statistisch zwar die Herzinfarkte, dennoch findet man unter den Individuen mit erhöhten Werten viele Gesunde oder scheinbar Gesunde. Gesundheitspolitisch entsteht in dieser Situation also die Frage, welche Empfehlungen man an die Bevölkerung ausgibt.

Frage: Es handelt sich also um den auch von anderen Gebieten bekannten Interpretationsspielraum zwischen statistischem und Individualrisiko?

Ein unzulässiger Vergleich

Klose: Es ist wie beim Autofahren im Nebel. Da mag der einzelne mit unvermindertem Tempo weiterfahren und sich sagen, es wird schon gutgehen. Statistisch geht es ja auch öfter gut, als daß es kracht. Deswegen aber kann man nicht sagen, der Nebel sei harmlos. Dieser Vergleich sagt nichts aus über die Biologie der Atherosklerose, wohl aber etwas über die Risikokonstellation.

Frage: Für Sie steht also außer Zweifel, daß hohe Cholesterinkonzentrationen ein Risiko sind?
Klose: Ganz ohne Zweifel, wenn ich auch einräumen muß, daß man einen sicheren und reproduzierbaren manifestationsfördernden Faktor für die Atherogenität erhöhten LDL-Cholesterins nicht routinemäßig messen kann, vielleicht noch nicht einmal kennt.

Das Risiko besteht zweifelsfrei

Frage: Aber die Lipid-Hypothese der Atherosklerose ist doch nicht nur eine plausible Hypothese, man hat doch sehr wohl auch Hinweise auf gefäßschädigende Mechanismen.
Klose: Man weiß durch zellbiologische Studien – tierexperimentell und auch am Menschen –, welche Stoffwechselveränderungen der Lipoproteine die Entwicklung von Gewebereaktionen begünstigen, die dann schlußendlich eine Atherosklerose bedingen. Dazu gehört in der Tat, daß Lipoproteine von niedriger Dichte (LDL) einer chemischen Modifikation bedürfen, bevor sie von Makrophagen aufgenommen werden können. Diese mononukleären Zellen des peripheren Blutes können nicht nur Bakterien oder Zelltrümmer abräumen, son-

Modifiziertes LDL setzt Gewebereaktion in Gang

dern auch überschüssiges Fett. Diese fettabräumende Funktion ist den Makrophagen aber erst nach chemischer Modifikation der Lipoproteine möglich. Eine der Möglichkeiten dieser chemischen Modifikation ist die Oxidation. Unveränderte LDL sind also noch vor der Aufnahme in Makrophagen geschützt und werden modifiziert. Die Interaktion zwischen Lipid-beladenen Makrophagen und dem Gefäßendothel ist dann ein initiales Ereignis der Atherosklerose.

Frage: Kann man also den ungesättigten Fettsäuren ein atherogenes Potential unterstellen? Genau das tun ja die Presseinterpretationen, die Ausgangspunkt unseres Gespräches waren.

Eine sehr bedenkliche Argumentation

Klose: In diesen Interpretationen wird die Extrapolation statistischer Daten auf den einzelnen kritisiert. Man sagt, die Margarineindustrie dürfe nicht gesundheitsbezogen werben, nur weil hohes Cholesterin und Atherosklerose korrelieren, denn schließlich gebe es viele Individuen, denen erhöhtes Cholesterin nichts ausmacht. Aber dann macht man mehr oder minder unbewußt das gleiche: Man extrapoliert den nicht schädigenden Effekt von erhöhtem LDL bei einzelnen Individuen suggestiv auf die Bevölkerung und warnt vor Fetten, die reich an mehrfach ungesättigten Fettsäuren sind. Das wäre vielleicht statthaft, wenn Herz-Kreislauf-Erkrankungen insgesamt selten wären. Wenn man aber die Tatsache bedenkt, daß bei uns jeder zweite Mensch an einer Herz-Kreislauf-Erkrankung stirbt, dann ist dieses Vorgehen, die Statistik gleichsam von hinten aufzuzäumen, gesundheitspolitisch außerordentlich bedenklich.

Frage: Lassen Sie uns noch einmal zur qualitativen Bewertung der Lipid-Hypothese der Atherosklerose zurückkehren. Dieses Krankheitsbild scheint ja auch beispielsweise mit Gerinnungsveränderungen assoziiert zu sein, zumindest senkt eine aggregationshemmende Intervention das kardiovaskuläre Risiko ähnlich, wenn nicht gar deutlicher als eine lipidsenkende Intervention.

Entscheidend ist die Senkung des Risikos

Klose: Man muß Assoziationen als das nehmen, was sie sind, nämlich die Vergesellschaftung von Befunden, die noch nichts über eine Kausalität aussagt. Für die Lipid-Hypothese spricht, daß nicht nur eine Assoziation zwischen Dyslipoproteinämien und Atherosklerose nachgewiesen ist, sondern auch der risikosenkende Nutzen von lipidsenkender Intervention. Und schließlich kann tierexperimentell und zellbiologisch auch der Mechanismus der Schädigung gezeigt werden. Damit ist die Cholesterin-Hypothese anderen Assoziationen weit voraus.

Frage: Bitte fassen Sie Ihre bisherigen Stellungnahmen noch einmal unter dem Aspekt von allgemeingültigen Ernährungsempfehlungen zusammen.

Sehr viele Daten sprechen für mehrfach ungesättigte Fettsäuren

Klose: Der Hinweis, daß nicht jedes hohe Cholesterin bei jedem Individuum zwangsläufig zur Atherosklerose führt, ist trivial und lange bekannt. Der Hinweis, daß die Oxidation der Lipoproteine eine wichtige Komponente für deren Atherogenität darstellt, ist richtig und wahrscheinlich nicht jedem bekannt, obgleich seit Jahren Gegenstand weltweiter Forschung. Die aus diesen beiden Hinweisen abgeleitete These, daß zwischen dem Konsum von Fetten mit mehrfach ungesättigten Fettsäuren, also zwischen dem Konsum pflanzlicher Fette und der ungünstigen chemischen Modifikation der Lipoproteine ein Zusammenhang besteht, kann ich nicht überprüfen, weil ich das zugrundeliegende Experiment nicht kenne. Die klinischen Beobachtungen und die Epidemiologie sprechen jedoch scharf dagegen. Fettmodifikationen zugunsten mehrfach ungesättigter Fettsäuren haben in vielen, vielen Interventionsstudien immer wieder einen statistisch günstigen, d. h. risikomindernden Effekt für die jeweilige Population erbracht, bei der interveniert wurde.

Frage: Also gibt es keinen Grund, die Empfehlungen der Europäischen Kosensus-Konferenz zu revidieren?

Korrekte und plausible Empfehlungen

Klose: Die Empfehlungen der Europäischen Konsensus-Konferenz, die im Einklang stehen mit entsprechenden Empfehlungen des amerikanischen NIH, sind plausibel und korrekt, denn sie lassen der eingeschränkten Spezifität erhöhter Cholesterinkonzentrationen Spielraum. Wenn man einen Wert für die Cholesterinkonzentration sucht, unter dem Atherosklerose sehr wenig wahrscheinlich ist, dann ist das nach epidemiologischen, tierexperimentellen und zellbiologischen Untersuchungen ein Wert um die 200 mg/dl.

Frage: Die Hochrisikogruppe wird aber doch repräsentiert durch Individuen mit angeborenen extrem hohen Cholesterinwerten?

Hochrisikopatienten als Ausnahme von der Regel

Klose: Von praktischer Relevanz, so denke ich, ist die Frage der Häufigkeit. Wir haben gerade eine 77jährige Patientin stationär aufgenommen, die aufgrund eines genetischen Defekts ein Cholesterin von 600 mg/dl hat, aber dennoch herzgesund ist; sie ist als Asthma-Patientin aufgenommen. Diese Frau ist jedoch eine Ausnahme. Die meisten Individuen mit derart hohen Cholesterinwerten aufgrund eines genetischen Defekts erleiden ihren ersten Herzinfarkt schon mit 20 Jahren. Zweifellos, da haben Sie völlig recht, sind das Hochrisikopatienten.

Die meisten Infarktpatienten haben Werte um 250 mg/dl

Aber lassen Sie uns einmal durch unsere Intensivstation gehen und uns nur jene Patienten anschauen, die einen Herzinfarkt haben und noch keine 60 Jahre alt sind. Was zeichnet diese Patienten aus? Das sind keine Cholesterinkonzentrationen von 600 oder 380 mg/dl, sondern Werte von 240 oder 260 mg/dl. Weil dies die häufigsten Werte bei Infarktpatienten sind, muß man als Arzt eben diesen Werten bei noch Gesunden besondere Aufmerksamkeit schenken...

Frage: ...auch auf die Gefahr hin, eine Reihe von Individuen mit Empfehlungen oder therapeutischen Maßnahmen zu belästigen, für die das statistische Risiko derart erhöhter Werte kein Individualrisiko darstellt?

Klose: Lassen Sie mich noch ein Alltagsbeispiel anführen. Die Verpflichtung, einen Sicherheitsgurt zu benutzen, bedeutet einen volkswirtschaftlichen Mehraufwand – alle Autos müssen mit solchen Gurten ausgestattet werden – und eine erzwungene Verhaltensmodifikation des einzelnen. Viele Individuen unterwerfen sich dieser Verpflichtung jahrelang umsonst; solange sie keinen Unfall haben, profitieren sie nicht vom Sicherheitsgurt. Aber die Gesamtpopulation profitiert, wie die reduzierte Zahl der Verletzten und Toten bei gleich vielen oder gar mehr Unfällen eindrucksvoll beweist. Der einzelne profitiert erst im Falle eines Unfalles – und der ist nicht vorhersehbar. Zurück zum Cholesterin: Die Empfehlungen für die Bevölkerung, sich mit Werten oberhalb von 200 mg/dl in ärztliche Obhut zu begeben und bei Werten oberhalb dieser Grenze mit im Individualfall geeigneten Mitteln zu intervenieren, sind gestützt auf eine so überwälti-

Krankheitshäufigkeit macht Intervention notwendig

gende Fülle wissenschaftlichen Erkenntnismaterials, daß diese Empfehlungen gerechtfertigt sind. Weil das Erkenntnismaterial plausibel ist und Herz-Kreislauf-Erkrankungen nun einmal sehr häufig vorkommen, sind die Empfehlungen in meinem Verständnis nicht nur gerechtfertigt, sondern auch notwendig.

Frage: Geht es also um die Butter auf dem Brot?

Es geht auch um die Butter auf dem Brot

Klose: Nein. Butter stellt nämlich nur einen kleinen Anteil an der Gesamtmenge gesättigter Fettsäuren in der Allgemeinernährung dar. Wenn Butter verstanden wird als Synonym für tierische Fette, dann stimmt allerdings die Zielrichtung, denn die tierischen Fette in der Allgemeinernährung sind es, die in unserer Population den Cholesterinspiegel am stärksten in die Höhe treiben.

Frage: Was ist wichtiger, die Fettreduktion oder die Fettmodifikation zulasten der tierischen und zugunsten der pflanzlichen Fette?

Klose: An erster Stelle kommt die Fettreduktion, an zweiter die Fettmodifikation, weil in den meisten Fällen die bloße Modifikation nicht ausreicht. Die zentrale Empfehlung ist die Fettreduktion. Zunehmende Bedeutung gewinnen Befunde, nach denen neben den mehrfach ungesättigten Fettsäuren auch einfach ungesättigte Fettsäuren, also beispielsweise das Olivenöl, als präventive Ernährungskomponente relevant sind. Ungeachtet dieser noch nicht ausdiskutierten Frage muß man feststellen, daß Interventionsstudien, in denen die Fettzufuhr einerseits insgesamt reduziert und andererseits zulasten der gesättigten und zugunsten der mehrfach ungesättigten Fettsäuren (oder laienverständlicher: zulasten der tierischen und zugunsten der pflanzlichen Fette) modifiziert wurde, den prognostisch günstigen Effekt dieser Intervention längst bewiesen haben. Um an den Ausangspunkt unseres Gespräches zurückzukehren: Auf keinen Fall ist man zu der Aussage legitimiert, die beschriebene Modifikation der Fettzufuhr sei Unsinn oder gar gefährlich.

Fettmodifikation ist weder Unsinn noch gefährlich

Achim Weizel

Es gibt kein zu niedriges Cholesterin

vorab veröffentlicht in »Feinschmecker für Ärzte«
Nr. 11/90

Achim Weizel,
Mannheim

Professor Dr. med. Achim Weizel stammt aus der Klinik von Prof. Schettler in Heidelberg. Von 1967 bis 1969 war er am Institute for Metabolic Research in Oakland, California, tätig, das von Dr. Kinsell, einem Mitentdecker der lipidsenkenden Wirkung der mehrfach ungesättigten Fettsäuren, geleitet wurde. Heute ist Weizel Chefarzt der Inneren Klinik am Heinrich-Lanz-Krankenhaus in Mannheim und zweiter Vorsitzender der Lipid-Liga.

Frage: Es stehen eine ganze Reihe potenter Lipidsenker zur Verfügung. Warum traktiert man einen Patienten mit Diät, statt ihm eines dieser Medikamente zu geben?
Weizel: Weil eine lipidsenkende Intervention – worin auch immer sie besteht – in aller Regel eine lebenslange Behandlung darstellt. Ehe man einen Menschen für den Rest seines Lebens an ein Medikament bindet – dessen Langzeit-Nebenwirkungen man möglicherweise noch gar nicht kennt –, sollte man versuchen, alle anderen Behandlungsmöglichkeiten auszuschöpfen. Eine solche Alternative ist im Falle der Fettstoffwechselstörungen mit der entsprechenden Diät gegeben.

Diät hat zunächst Vorrang vor Medikamenten

Frage: In welchem Umfang sind Cholesterinsenkungen durch Diät zu erwarten?
Weizel: Das Ansprechen der Patienten auf Diät ist unterschiedlich. Wer anspricht, kann durch Diät ganz beachtliche Cholesterinsenkungen erzielen. Wenn es gelingt, den Patienten zu überzeugen und er (oder sie) eine konsequente Diät einhält, dann sind Senkungen um 20 bis 25 Prozent durchaus keine Seltenheit. Das heißt für die Praxis: Haben Sie es mit einem Diät-Re-

Es gibt viele Responder

sponder zu tun, können Sie Ausgangswerte bis etwa 260 mg/dl durch eine Diät in den geforderten Normbereich von 180 bis 200 mg/dl reduzieren. Auch bei einem Patienten mit einem Ausgangswert von 300 mg/dl reduzieren Sie das Risiko schon deutlich, wenn Sie sein Gesamtcholesterin allein durch Diät auf 240 mg/dl reduzieren.

Frage: Der erhöhte Laborwert ist ja im Normalfall mit keinem Leidensdruck verbunden. Entsteht ein solcher Leidensdruck beim notwendigen Abschied von liebgewonnenen Ernährungsgewohnheiten?

Die Lebensqualität muß nicht leiden

Weizel: Meine Erfahrung ist es, daß die Einhaltung einer fettreduzierten und fettmodifizierten Diät nicht mit einem Verlust an Lebensqualität einhergeht. Fette Wurst ist ohne Schwierigkeiten durch gutschmeckende fettarme Wurst zu ersetzen, mageres Fleisch wird von vielen Menschen heute schon bewußt verwendet und magerer Käse muß nicht unbedingt weniger schmackhaft sein als fetter Käse. Auch gegen andere Diätempfehlungen, z. B. Pflanzenöle statt tierischer Fette oder Kokosfett beim Braten und Kochen sowie in der Salatzubereitung zu verwenden, gibt es keinerlei Geschmacksvorbehalte. Zu diesen neuen Gewohnheiten sind die Patienten relativ leicht zu motivieren.

Vom Geschmack her kaum Unterschiede

Für die ältere Generation ist gelegentlich der Verzicht auf Butter und ihr Ersatz durch Pflanzen- oder Diätmargarine ein Problem, da für sie die Margarine mit unguten Nachkriegserinnerungen verbunden ist. Die nachrückende Generation hat diese biographischen Vorbehalte nicht mehr, bei ihr geht es allenfalls um Geschmacksfragen. Und Geschmacksvorbehalte bestehen nach meinen Erfahrungen gegen eine gute Diätmargarine praktisch nicht.

Frage: Was aber, wenn Sie Ihren Patienten Fleisch nur noch einmal pro Woche erlauben?

Radikale Änderungen sind selten notwendig

Weizel: Das ist nur bei einer Diät erforderlich, in der das Fett auf 20 Prozent der Gesamtenergiezufuhr reduziert wird. Eine solche Diät ist in der Tat schwer durchzusetzen – sie ist aber bei den meisten Patienten mit mild bis mittelschwer erhöhten Cholesterinwerten auch gar nicht nötig.

Frage: Wie gehen Sie selbst in der Diät-Beratung vor, bzw. was empfehlen Sie Ihren niedergelassenen

Kollegen bei Fortbildungsveranstaltungen?

Den Speiseplan unter die Lupe nehmen

Weizel: Ich lasse mir von den Patienten erzählen, was sie üblicherweise essen. Ich weise sie dann auf die Hauptträger von Cholesterin und tierischem Fett in ihrem persönlichen Speiseplan hin und erläutere ihnen die drei Säulen der Diät bei Fettstoffwechselstörungen: weniger Cholesterin, Reduktion der Gesamtfette, Bevorzugung pflanzlicher Fette mit ihren mehrfach ungesättigten Fettsäuren. Bei vielen Patienten ist es hilfreich, ihnen Demonstrationsmaterial vorzulegen. Es ist viel eindrucksvoller, wenn sie dem Patienten zeigen, wieviel Cholesterin in welchen Mengen welcher Lebensmittel enthalten ist, als wenn Sie ihm nur sagen, er solle nicht mehr als 300 mg täglich zu sich nehmen.

Angebot von Alternativen

Wenn Sie dem Patienten den Verzicht auf Eier empfehlen, müssen Sie ihn natürlich im gleichen Atemzug auf Alternativen aufmerksam machen, z. B. auf dotterfreien Ei-Ersatz.

Frage: Die 300 mg Cholesterin aus der Nahrung werden häufig als Tagesbedarf bezeichnet. Das erweckt den Eindruck, als sei nicht nur eine

Über-, sondern auch eine Unterschreitung dieser Menge gefährlich.
Weizel: Die Bezeichnung Tagesbedarf ist in diesem Falle unglücklich. Ich spreche lieber von Tagesmaximum. Je weniger Cholesterin sich ein Mensch mit der Nahrung zuführt, desto besser ist es. Wer sich streng vegetarisch, also veganisch ernährt, d. h. nicht nur auf Fleisch, sondern auf alle Nahrungsmittel tierischer Herkunft verzichtet, nimmt praktisch gar kein Cholesterin zu sich und leidet dennoch keinerlei Mangel.

Tagesmaximum ist die entscheidende Größe

Frage: Die Gegner der Lipidtheorie zur Entstehung der Atherosklerose argumentieren, daß es gleichgültig ist, ob und wieviel Cholesterin man mit der Nahrung zu sich nimmt, weil der Organismus selbst so viel des für ihn essentiellen Cholesterins synthetisiert. Dazu wird ein Versuch beschrieben, in dem Probanden, die sich ganz normal ernähren, zusätzlich drei Eier pro Tag gegeben werden, ohne daß sich am Cholesterin etwas ändert. Die Schlußfolgerung: Es ist völlig egal, wieviel Cholesterin man von außen zuführt, denn es kommt im Blut zu keiner Anreicherung. Wie begegnen Sie dieser Argumentation?

Exogene Cholesterin-Aufnahme

Der Versuch führt in die Irre

Weizel: Der angeführte Versuch, den ich sehr gut kenne, ist zumindest irreführend, wahrscheinlich sogar eine bewußte Täuschung. Denn durch die »normale« Ernährung erhalten die Versuchspersonen bereits 500 bis 600 mg exogenes Cholesterin, was zu einer gewissen Sättigung und damit zur starken Behinderung der weiteren Resorption führt, so daß Sie kaum einen Unterschied finden, wenn Sie diesen Probanden zusätzlich 1 g Cholesterin aus 3 Eiern geben oder nicht. Das bedeutet für die Praxis: Es nützt nichts, die Eier vom Speiseplan zu streichen, wenn das Maximum des exogen zugeführten Cholesterins schon durch andere Lieferanten überschritten wird.

Oberhalb 300 wird's gefährlich

Wenn Sie in Ihrer Ernährung sämtliche Cholesterinquellen – und das sind im wesentlichen alle tierischen Produkte außer Fisch – streichen, dürfen Sie getrost jeden Tag ein Ei essen. Mit diesen 300 mg exogenem Cholesterin und dem vom Körper selbst synthetisierten Cholesterin wird Ihr Organismus fertig. Erst aus dem Überschreiten dieser Grenze resultiert das eindeutige statistische Risiko, an einer Gefäßveränderung zu erkranken. Will man das Problem auf das Thema Eier zuspitzen und bedenkt dabei, daß es kaum jemandem gelingt, komplett auf alle anderen Cholesterinlieferanten zu verzichten, muß man sagen, nicht das dritte oder vierte Ei muß weggelassen werden, sondern das erste.

Zurück zu dem beschriebenen Experiment: Die Tatsache, daß Sie keinen Effekt erzielen, wenn Sie einem gesättigten Cholesterinresorptionsmechanismus noch weiteres Cholesterin anbieten, beweist natürlich überhaupt nicht, daß es physiologisch ist, diesen Mechanismus bis zur Sättigung auszureizen. Die Sättigung ist sozusagen der Punkt, an dem der Organismus die Notbremse zieht. Jeder Einsichtige wird verstehen, daß es für den Menschen nicht gesund sein kann, wenn eine so wichtige Funktionseinheit wie der Fettstoffwechsel ständig mit angezogener Notbremse fährt.

Am Sättigungspunkt wird die Notbremse gezogen

Frage: Ist für Sie die Diskussion abgeschlossen, zu niedriges Cholesterin verursache Krebs?

Weizel: Diese Diskussion ist schon lange abgeschlossen. Es gibt kein zu niedriges Cholesterin. Der Mensch kommt mit 40 mg/dl auf die Welt und lebt auch. Es gibt Leberzirrhotiker, die haben Cholesterinwerte von 100 mg/dl und weniger und leben

Zu niedriges Cholesterin gibt es nicht

damit – sofern sie sich von der Leber her halten – 10 oder 20 Jahre. Eine Hypocholesterinämie gibt es nicht. Daß man in einigen Studien bei Personen mit Cholesterinwerten unter 150 mg/dl eine erhöhte Gesamtmortalität findet, liegt daran, daß diese Patienten zum Zeitpunkt der Cholesterinmessung bereits ein Malignom hatten, bei denen das niedrige Cholesterin Folge des cholesterinverbrauchenden Tumorstoffwechsels ist, keinesfall jedoch Ursache des Tumors.

Gefahr droht nur von zu hoher Konzentration

Das ist in zahlreichen sehr präzisen Untersuchungen ganz eindeutig nachgewiesen worden. Gefahr droht nicht vom niedrigen Cholesterin, nicht vom normalen Cholesterin, sondern einzig und allein von zu hohen Cholesterinkonzentrationen im Blut, die zumindest teilweise durch Nahrungscholesterin bedingt sind.

Frage: Ist unter moderater Diät eine Regression bereits pathologischer, nämlich atherosklerotischer Gefäßbefunde zu erwarten?

Mit Diät die Progression frühzeitig stoppen...

Weizel: Das wird man kaum untersuchen können, weil dafür so große Fallzahlen und so lange Untersuchungszeiträume erforderlich sind, daß eine solche Studie unbezahlbar würde. Sie haben aber gar nicht gefragt, ob eine Regression nachweisbar, sondern ob sie zu erwarten ist. Ich würde keine Regression erwarten, darin jedoch kein Argument gegen die Diät bei Hyperlipidämien sehen. Die Atherosklerose ist ein progressiver Prozeß mit einer über die Zeit fatalen Prognose. Wenn es mir gelingt, die Progression dieses Prozesses durch diätetische Behandlung zu stoppen, dann habe ich nach heutigem Verständnis das therapeutisch Machbare erreicht.

...und die Krankheit verhindern

Wenn ich die Prognose meines Patienten im Auge habe, heißt das aber auch, daß ich mit der Behandlung so früh wie möglich beginnen muß – im Idealfall schon, bevor der progressive atherosklerotische Prozeß überhaupt in Gang gekommen ist. Insofern gelten die besprochenen Diät-Empfehlungen nicht nur für die Behandlung von Patienten mit Hypercholesterinämie, sondern ebenso für die primäre Prävention, sprich für noch Gesunde.

Frage: Wie kann es zu einem breiten Umdenken in der Bevölkerung kommen, solange unter Ärzten verschiedener Fachrichtungen kein Konsens darüber besteht, daß über 200 mg/dl liegende Cholesterinwerte unter Berücksichtigung des persönlichen Risikoprofils ärztlicher Aufmerksamkeit bedürfen und vielfach schon behandlungsbedürftig sind?

Umdenken ist gefragt

Weizel: Das ist das alles entscheidende Problem. Es liegt zum einen daran, daß Ärzte auch nur Menschen sind, die teilweise auch lieber etwas fetter als etwas magerer essen. Und es liegt wesentlich daran, daß bei uns die Landwirtschaftslobby einen stärkeren Einfluß hat als etwa in Amerika, wo es bei primär gleicher Ausgangslage das erforderliche Umdenken auf breiter Fort schon längst gegeben hat – verbunden mit deutlich meßbaren Rückgängen der koronaren Morbidität und Mortalität. Bei uns kann sich die Landwirtschaftslobby nur auf sehr wenige Forscher berufen, die der Gefährlichkeit erhöhter Blutfette widersprechen, aber deren Thesen – die klar von der weltweit geltenden wissenschaftlichen Ansicht abweichen – hören die Leute natürlich lieber.

Mehr Beifall auf der Risikoseite...

Ich will nicht dazu beitragen, das Thema auf den Nebenkriegsschauplatz Butter versus Margarine zu fokussieren, aber es ist auch im übertragenen Sinne menschlich, daß jemand, der vollen Fleischtöpfen das Wort redet, mehr Beifall findet als jemand, der den Leuten die Butter vom Brot nehmen will. Das ändert nichts daran, daß es unter den ausgewiesenen Experten breiten Konsens darüber gibt, daß über 200 mg/dl liegende Cholesterinwerte ein einerseits relevantes, andererseits gut und relativ einfach zu beeinflussendes Risiko sind.

Frage: Hinsichtlich der Mortalität haben die bisherigen Interventionsstudien kaum eine Verbesserung ergeben. Wo also liegt das Gute, das ich einem Patienten tue, dessen zu hohes Cholesterin ich senke?

Weizel: Die Mortalität ist eine statistisch leicht erfaßbare Größe. Nicht erfaßt wird die große Zahl der Patienten, die täglich an ihren atherosklerotischen Komplikationen leiden, ich denke hier zum Beispiel an die Angina pectoris. Die Beeinflussung der Lebensqualität durch diese Zustände ist statistisch nicht erfaßbar. In den letzten Jahren konnte nun in mehreren Studien gezeigt werden, daß schon wenige Jahre einer lipidsenkenden Therapie genügen, die Häufigkeit dieser klinischen Erscheinungen deutlich zu reduzieren. Dies gilt auch für die Zahl der notwendigen invasiven Ein-

...aber deutlich weniger ernsthafte Komplikationen

griffe an den Herzkranzgefäßen (Dilatation, Operation). Diese Tatsache, daß sich durch eine Lipidsenkung ernsthafte Komplikationen vermindern lassen, gibt uns den Mut und die Berechtigung, heute auch klinisch Gesunden bei erhöhten Lipiden eine Lipidsenkung zu empfehlen.

Frage: Es gibt immer wieder Patienten, die auf ihren Großvater hinweisen, der täglich Schweinebauch gegessen hat und trotzdem 90 Jahre alt geworden ist.

Insgesamt weniger Fett und mehr Pflanzenfett heißt die Devise

Weizel: Das sind anekdotische Beobachtungen, die auch dann, wenn sie wahr sind, die klaren epidemiologischen Daten nicht entkräften können. Wir essen heute – bevölkerungsstatistisch gesehen – doppelt bis dreifach so viel Fett wie unsere Großväter und Urgroßväter. Und zwar stammt diese Verdoppelung aus dem gesteigerten Konsum an versteckten Fetten z. B. aus Wurst und Käse. Im Unterschied zu früheren Zeiten können es sich heute viele Menschen leisten, diese Lebensmittel mehrmals am Tage zu konsumieren. Parallel dazu hat natürlich der Fleischverzehr mit steigendem Wohlstand auch entsprechend zugenommen. Nun will ich nicht dafür plädieren, daß wir wie unsere Großväter leben, das Rad der Geschichte läßt sich nicht zurückdrehen. Aber wir können aus der Epidemiologie ganz eindeutig die Richtung ablesen, in die wir gehen müssen: Wir müssen insgesamt unseren Fettverzehr reduzieren und wir müssen die pflanzlichen Fette gegenüber den tierischen Fetten bevorzugen.

Frage: Was soll der niedergelassene Arzt bestimmen oder bestimmen lassen? Genügt es, nur Gesamtcholesterin zu messen?

Richtgröße für weitere Differenzierung

Weizel: Das kommt auf den Bereich an. Unter 200 mg/dl Gesamtcholesterin braucht man nicht zu differenzieren. Zwischen 200 und 250 mg/dl ist es dringend zu empfehlen, neben dem Gesamtcholesterin auch die Konzentrationen von HDL- und LDL- Cholesterin zu bestimmen. Bei Werten über 250 mg/dl kann man davon ausgehen, daß sie in der Regel Folge von erhöhten LDL-Cholesterinkonzentrationen sind. Das LDL soll bei isolierter Hypercholesterinämie unter 155 mg/dl liegen, bei gleichzeitigem Vorliegen von zwei oder mehr weiteren Risikofaktoren unter 135 mg/dl. Erstrebenswerte HDL-Cholesterinkonzentrationen sind > 35 mg/dl (Männer) bzw. > 45 mg/dl (Frauen).

Frage: Welches sind in Kurzfassung die Aufgaben und Ziele der Lipid-Liga?

Sinneswandel bei den Kardiologen

Weizel: Wir sind als Lipid-Liga Mitglied der Nationalen Herz-Kreislauf-Konferenz. In dieser Konferenz müssen wir zunächst einmal die Kardiologen davon überzeugen, daß zu hohes Cholesterin ein Risikofaktor ist, wobei sich bereits ein Sinneswandel der Kardiologen abzeichnet. Diese Kollegen sind deshalb so wichtig, weil sie entscheidende Aufklärungsarbeit vor allem in der Gruppe der Hochrisikopatienten leisten, die wegen bereits stenosierender oder gar verschlossener Gefäße bei ihnen in Behandlung sind.

Problembewußtsein wecken

Parallel dazu wollen wir Aufklärungs- und Überzeugungsarbeit in der ärztlichen Allgemeinheit leisten und gleichzeitig das Problembewußtsein in der Bevölkerung wekken und schärfen.

Frage: Den Lipidologen wird gelegentlich vorgehalten, sie behandelten nicht die Ursache, sondern lediglich ein Symptom.

Weizel: Dem widersprechen wir gar nicht, denn die symptomatische Behandlung ist in der inneren Medizin weit verbreitet. Beim Diabetes ist es nicht anders: Wir behandeln nicht das Pankreas, sondern den Zucker im Blut. Niemand würde auf die Idee kommen, einen Diabetiker nicht zu behandeln. Warum soll es beim Hypercholesterinämiker anders sein?

Günther Wolfram

Diätberatung kommt mit wenigen einfachen Grundregeln aus

vorab veröffentlicht in »Feinschmecker für Ärzte« Nr. 8/90

Günther Wolfram, München

Professor Dr. med. Günther Wolfram ist Vizepräsident der Deutschen Gesellschaft für Ernährung. In München ist er Inhaber des Lehrstuhls für Ernährungslehre der Technischen Universität und gleichzeitig wissenschaftlicher Leiter der Stoffwechsel-Ambulanz an der Medizinischen Poliklinik der Universität München.

Frage: Heute ist die Diätberatung bei Fettstoffwechselstörungen Standard, zumindest wird sie unisono von allen Experten gefordert. Schaut man sich die entsprechenden Diätempfehlungen jedoch näher an, gewinnt man den Eindruck, daß sie für die meisten Patienten und wohl auch für viele niedergelassene Ärzte zu kompliziert sind. Lassen sich die zur Senkung erhöhter Blutfettwerte notwendigen Botschaften nicht einfacher rüberbringen?

Komplizierte Ratschläge

Wolfram: Zunächst einmal ist die überspitzte Fokussierung auf Butter und Margarine Unsinn. 80 Prozent des Nahrungscholesterins sind enthalten in Ei, Fleisch, Fleisch- und Wurstwaren sowie Butter. Deshalb hat man noch lange keine Diät, wenn man lediglich die Butter gegen Margarine austauscht. Das kann auch die beste Margarine rein quantitativ nicht bewirken. Natürlich ist eine geeignete Margarine in der Diät nützlich und muß berücksichtigt werden, aber entschieden wird die Schlacht bei den versteckten Fetten in Wurst, Käse, fettreichen Backwaren usw., Butter macht an der aufgenommenen Cholesterinmenge nur etwa 13 Prozent aus.

Ein Kampf an vielen Fronten

Schuldig an vielen Fällen von ernährungsbedingter Hypercholesterinämie ist auch die »Fleischeslust«, wie mir kürzlich eine Fachzeitschrift in den Mund gelegt hat.

Frage: Wie gehen Sie konkret bei der Diätberatung eines Patienten mit erhöhten Blutfetten vor?

Drei-Stufen-Plan

Wolfram: Die Beratung sollte in 3 Stufen erfolgen, wobei jede dieser Stufen mit Erfolgsangaben versehen werden sollte, die dem Patienten als Gedächtnisstütze dienen und gleichzeitig eine Zielvorgabe darstellen. Die 1. Stufe besteht darin, dem Patienten zu verdeutlichen, daß er insgesamt nicht so fett essen sollte. Otto Normalverbraucher und Lieschen Müller führen sich gewöhnlich 40 Prozent ihrer Nahrungsenergie in Form von Fett zu.

Meide Fett, bevorzuge fettreduzierte Lebensmittel

Gelingt es, die Zufuhr der Gesamtfette einerseits durch generelle Einschränkung, andererseits durch Bevorzugung fettreduzierter Lebensmittel z. B. bei Wurst und Käse um ein Viertel zu senken, also auf die von der Deutschen Gesellschaft für Ernährung empfohlenen 30 Prozent der Nahrungsenergie, so geht diese Reduktion vor allem zulasten der gesättigten Fettsäuren tierischer Herkunft. Und genau diese sind die Übeltäter, die das Cholesterin hochtreiben. Wird diese erste Stufe in die Tat umgesetzt, wird man in aller Regel zwei Auswirkungen beobachten können: Der Patient nimmt ab und sein Serumcholesterin sinkt um 20 mg/dl. Die sehr einfache Botschaft für die 1. Stufe heißt also: Meide Fett, wo immer Du Fett erkennst und bevorzuge fettreduzierte Lebensmittel wie Halbfettmargarine, Milchhalbfett, magere Wurst- und Käsesorten; davon gibt es heute schon ein breites Angebot im Lebensmittelhandel.

Frage: Ist das, wenn man es vereinfachen will, gleichzusetzen mit dem Verzicht auf Lebensmittel mit sichtbaren Fettanteilen?

Versteckten Fetten auf der Spur

Wolfram: Alle Fleisch- und Wurstwaren, die eindeutig als Muskelfleisch zu erkennen sind, darf der Patient essen, wenn er das sichtbare Fett wegschneidet. Dagegen sollte er die Finger von jenen Produkten lassen, bei denen er nicht mehr erkennen kann, was drin ist, ob das nun Leberwurst, Mettwurst, Cervelat, Gelb- oder Weißwurst ist – diese Produkte sind nicht mager, auch wenn sie so aussehen. Der Laie kann sehr wohl auch Produkte mit hohen unsichtbaren Fettanteilen erkennen: Wenn bei einer herrlich roten – also vermeintlich mageren – Teewurst schon das Anfassen der Pelle fettige Finger macht, dann kann sich jeder, der nur etwas nachdenkt, vorstellen, daß er es mit einer Wurst zu tun hat, die fast zur Hälfte aus Fett besteht.

Frage: Nun hat aber der Patient, der auf ein Viertel seiner gewohnten Gesamtfettmenge verzichtet, im Vergleich zu vorher ein Energiedefizit. Wie reagiert er darauf?

Das Ernergiedefizit läßt Pfunde schwinden

Wolfram: Das Loch, das man dem Patienten durch die Fettreduktion in den Magen reißt, kann man ihm leicht mit Gemüse und anderen pflanzlichen Produkten oder mit Diätprodukten stopfen. Er wird also nicht Hunger leiden, da er ja mengenmäßig das gleiche ißt wie vorher, aber in Form fettärmerer und energieärmerer Lebensmittel. Trotzdem bringt man ihn – Sie sagten es bereits – in ein Energiedefizit, aus dem die angestrebte Gewichtsabnahme resultiert.

Frage: Worin besteht die 2. Stufe Ihres 3-Stufen-Planes?

Auf Stufe 2 kommt Diät-Margarine aufs Brot

Wolfram: Einen Schritt weiter bringt uns die Modifizierung der verwendeten Nahrungsfette, das heißt eine Anhebung der ungesättigten Fettsäuren. Auch hier ist die

Botschaft im Grunde ganz einfach: Ziehe, wo immer es möglich ist, pflanzliche Fette mit ihrem hohen Linolsäuregehalt den tierischen Fetten vor. Wenn ich also dem Patienten in der 1. Stufe die fette Leberwurst vom Brot genommen und durch Lachsschinken oder durch einen diätetischen Brotbelag ersetzt habe, dann ersetze ich jetzt in der 2. Stufe die Butter auf dem Brot durch Diätmargarine und das Plattenfett beim Braten durch Pflanzenöl. Die konsequente Anhebung der einfach und mehrfach ungesättigten Fettsäuren bringt eine Reduktion des Serumcholesterins um 10 bis 12 mg/dl.

Frage: Und welche Botschaft schließlich charakterisiert die 3. Stufe?

Nur noch selten Innereien und Eier

Wolfram: In der 3. Stufe geht es um die gezielte Begrenzung der Cholesterinaufnahme, mit der eine Reduktion des Serumcholesterins um weitere 8 bis 10 mg/dl zu erzielen ist. Ohne es dem Patienten ausdrücklich zu erklären, habe ich ihm ja schon in der 1. Stufe Cholesterin entzogen, denn in allen fettreichen tierischen Nahrungsmitteln ist auch relativ viel Cholesterin enthalten. In der 3. Stufe brauche ich ihn eigentlich nur noch darauf hinzuweisen, im Verzehr von

Eigelb Zurückhaltung zu üben bzw. statt Eiern Produkte mit diätetischem Dotter-Ersatz beispielsweise aus Sonnenblumenöl und Lecithin zu verwenden. Innereien sind sehr cholesterinreich und sollten ganz gemieden werden.

Großer Effekt nur durch Diät

Frage: Durch relativ einfache – und auch einfach zu vermittelnde – Diätratschläge sind also rund 40 mg/dl Serumcholesterin einzusparen?
Wolfram: Ja, in der Größenordnung von 40 mg/dl plus/minus 10 mg/dl sind die diätetischen Effekte zu erwarten und auch zu erzielen. Wichtig ist mir der Hinweis, daß die Hälfte dieses Effektes schon in der 1. Stufe erzielbar ist, also durch den Verzicht auf tierisches Fett, wo immer es erkennbar ist.

Jede Stufe heißt Abschied von lieben Gewohnheiten

Frage: Sollte man bei einem Patienten, dessen Gesamtcholesterin man um 40 mg/dl senken möchte, Stufe um Stufe vorgehen oder gleich alle Register ziehen, ihm also Fettreduktion, Fettmodifikation und Verzicht auf Cholesterinbomben nahelegen?
Wolfram: Ich bevorzuge es ganz eindeutig, in Stufen vorzugehen. So einfach die drei Botschaften auch sind, so würde ich doch befürchten, manchen Patienten mit dem Ge-

samtpaket zu überfordern. Der Weg Stufe für Stufe ist für den Patienten einfacher, Sinn und Effekt jeder einzelnen Stufe werden für ihn besser nachvollziehbar. Und vergessen Sie eines nicht: Jede der einzelnen Stufen bedeutet Abschied von jahre- und jahrzehntelangen Gewohnheiten. Kaum etwas ist mühsamer als die Änderung gewohnter und liebgewonnener Verhaltensweisen.

Frage: Wird der sinnvoll gefüllte Einkaufskorb teurer als der des Normalverbrauchers?

Qualität muß nicht mehr kosten

Wolfram: Gezielte Nahrungsmittelauswahl macht die Diät nicht teurer als unsere gewohnte Kost. Es ist wichtig, weniger Fleisch zu essen – dadurch kann man die erforderliche höhere Qualität des Fleisches preislich abfangen. Ich bin nach wie vor fest davon überzeugt, daß die Forderung »mehr Qualität statt Quantität« die individuellen Haushaltskosten im Vergleich zur vielfach praktizierten überkalorischen Wohlstandsernährung nicht erhöht.

Frage: Was ist los mit einem Patienten, der sich bei einem initialen Gesamtcholesterin von 280 mg/dl und Übergewicht brav an die Diätratschläge hält, nach einem Vierteljahr auch tatsächlich 5 kg abgespeckt hat, dessen Gesamtcholesterin aber unverändert bei 280 mg/dl liegt?

Ein seltener, aber möglicher Fall

Wolfram: Ein solcher Fall ist ausgesprochen selten, kann aber vorkommen. Es könnte sein, daß er zwar der Menge nach seinen Fettverzehr reduziert, den P/S-Quotienten als Maß des Verhältnisses von mehrfach ungesättigten zu gesättigten Fettsäuren dabei jedoch ungünstiger gestaltet hat, so daß zwei gegenläufige Änderungen eingetreten sind, die ihn zwar Gewicht verlieren lassen, seine Cholesterinsynthese jedoch nicht reduzieren. Bei dem von Ihnen beschriebenen Patienten würde ich nach anderen Ursachen suchen. Es müßte geklärt werden, ob es sich um eine quasi angefressene Hypercholesterinämie (sie wird in aller Regel auf Ernährungsumstellung und Abspecken relativ schnell ansprechen) handelt oder um einen Rezeptordefekt, der dominierend genetisch bedingt ist. Das ist dann aber schon ein Fall für einen spezialisierten Arzt.

Anti-Ei-Kampagne?

Frage: Gelten die von Ihnen genannten Diätratschläge für alle Personen oder nur für Hyperlipidämiker? Pointierter gefragt: Plädieren Sie für einen Aufkleber »zuviel Eidotter schadet Ihrer Gesundheit« auf jedem Ei?

Wolfram: Grundsätzlich wird die Befolgung der genannten Diätratschläge niemandem schaden, ganz im Gegenteil. Ich persönlich halte als Arzt jedoch mehr davon, Risikopatienten aufzuspüren und mich ihnen intensiv zu widmen, als meine Anstrengungen zu verzetteln. Ein gesunder Mensch ohne erhöhte Blutfettwerte und ohne Übergewicht sowie mit in Hinsicht auf Herzinfarkt leerer Familienanamnese kann alles essen, wenn er sich mit vernünftigen Mengen ernährt. Um aber die Risikoträger zu identifizieren, müssen alle ihren Cholesterinwert kennen. Ich bin unbedingt für ein Screening spätestens ab dem 30. Lebensjahr. Eine bundesweite Kampagne gegen das Ei lehne ich ab, den erkannten Risikopatienten jedoch muß ich von dem für ihn gefährlichen Eigelb abbringen.

Zu fordern ist ein Screening ab 30

Frage: Gibt es Kardinalfehler in der Speisenzubereitung, die das Cholesterin in die Höhe treiben?

Wolfram: Nehmen Sie ein Naturschnitzel und ein paniertes Schnitzel: Die Panade nimmt derart viel Fett auf, daß die Energieaufnahme bei gleichem Gewicht der beiden

Vermeidbare Kardinalfehler

Schnitzel bei dem panierten Schnitzel fast auf das Doppelte angehoben wird. In den Küchen sollten Teflonpfannen und Aluminiumfolien häufiger benutzt werden als es bisher der Fall ist, Speisen sollten häufiger gedünstet, seltener in Fett gebacken oder gebraten werden.

Frage: Eine Gewissensfrage: Was würden Sie in Sachen gesünderes Essen tun, wenn Sie nicht nur das Sagen, sondern auch das erforderliche Geld hätten?

Nährstoffe deklarieren

Wolfram: Ich würde zunächst einmal eine Nährstoffdeklaration für alle Nahrungsmittel einführen, damit jeder Verbraucher erkennen und anhand (noch zu schaffender) europaweiter Empfehlungen einschätzen kann, was gut für ihn ist...

Frage: ...gestatten Sie eine Zwischenfrage: Was sollte deklariert werden?

Optimal wären fünf Werte

Wolfram: An erster Stelle hätte sicher der Brennwert zu stehen, angegeben in Kalorien. An zweiter Stelle müßte der Fettgehalt folgen, während ich die Aufschlüsselung der Fettzusammensetzung – also etwa den P/S-Quotienten erst an vierter Stelle sehe. An die dritte Stelle gehört für mich der Natriumgehalt eines Nahrungsmittels. Und für die Diabetiker schließlich würde ich mir an fünfter Stelle die Deklaration der niedermolekularen Kohlenhydrate wünschen.

Frage: Jetzt bitte weiter in der Auflistung der Dinge, die Sie tun könnten, wenn es in Ihrer Macht stünde.

Gesunde Ernährung durch gute Werbung propagieren

Wolfram: Ich würde nicht nur verbieten, sondern stets auch Alternativen aufzeigen. Und dann würde ich gern etwas einführen, das es in der AIDS-Aufklärung und für die Verkehrssicherheit gibt: Gut gemachte Fernseh-Spots und Zeitungsanzeigen für gesundes Essen. Und wenn ich dann immer noch dürfte und könnte, würde ich entweder die Werbung für bestimmte Produkte verbieten, die aus ärztlicher und ernährungsphysiologischer Sicht geradezu verwerflich sind, oder ich würde die Werbungtreibenden verpflichten, nicht nur den Listenpreis für derartige Werbung, sondern zusätzlich einen 30prozentigen Obulus zu zahlen, damit gute Spots für eine gesunde Ernährung produziert werden können.

Frage: Lassen Sie uns noch einmal zu den 3 Stufen Ihrer Diätberatung für Patienten mit Hypercholesterinämie zurückkehren. Bedürfen andere Stoffwechselerkrankungen einer grundsätzlich anderen Diätberatung oder läßt sich auf dem beschriebenen Konzept aufbauen?

Fett, Alkohol und Zucker

Wolfram: Bei der diätetischen Behandlung der Hypertriglyceridämie ist vor allem zu beachten, daß das Übergewicht abgebaut wird, was wir ja auch schon in der 1. Stufe für die Hypercholesterinämie gefordert haben. Außerdem sind bei der Hypertriglyceridämie vor allem der Genuß von Alkohol und Zucker einzuschränken.

Frage: Und was tun, wenn der Patient nicht nur eine Hyperlipidämie, sondern auch noch einen Hochdruck und/oder einen Diabetes hat?

Kaum andere Diätregeln bei Zusatzerkrankungen

Wolfram: Alle diese Störungen sind mit wenigen Diätregeln zu behandeln. Fettsucht, Diabetes und Hypertriglyceridämie werden mit den gleichen Maßnahmen behandelt, nämlich Energie reduzieren, Zucker meiden, kleinere Mahlzeiten einnehmen und den Alkohol meiden. Bei Hypercholesterinämie kommen noch die Fettreduktion, die Fettmodifikation und das Verbot sehr cholesterinreicher Lebensmittel hinzu. Wenn eine Hyperurikämie besteht, dann ist eigentlich nur zusätzlich zu beachten, daß wirklich keine Innereien gegessen werden, die ja auch schon bei einer Hypercholesterinämie besser gemieden werden. Und wenn gleichzeitig noch eine Hypertonie besteht, dann ist nur noch das Kochsalz einzuschränken.

Roland Kirsten

Vernünftige Ernährung kann sogar Cholesterinwerte von 300 mg/dl normalisieren

vorab veröffentlicht in »Zeitschrift für Allgemeinmedizin«
Nr. 3/91

Roland Kirsten,
Frankfurt

Professor Dr. med. Roland Kirsten hat in Leipzig studiert, an den Universitäten Hamburg, Marburg und Berlin sowie 6 Jahre in den USA gearbeitet, ehe er 1978 einen Ruf als Professor für Klinische Pharmakologie nach Frankfurt erhielt. Neben seiner Lehr- und Forschungstätigkeit nimmt Kirsten am ärztlichen Notfalldienst teil und hält in niedergelassenen Praxen Spezialsprechstunden für chronisch Kranke ab.

Frage: Wenn man Sie bei wissenschaftlichen Vorträgen und Diskussionen erlebt, fallen Sie als leidenschaftlicher Verfechter einer gesunden Ernährungsweise auf. Ist das für einen Theoretiker nicht eher ungewöhnlich?

Kirsten: Ich habe in Amerika gelernt, daß sich auch ein Theoretiker nicht von den Patienten entfernen darf, denn er ist und bleibt in erster Linie Arzt. Und so betreue ich auch hier in Spezialsprechstunden mehr als 200 chronisch kranke Patienten, darunter viele Patienten mit Hyperlipidämien. Ich bin fest davon überzeugt, daß sich durch gesundes Essen nicht nur die durchschnittliche Lebenserwartung um 10 Jahre verlängern, sondern vor allem die Lebensqualität erheblich verbessern ließe. Das ist für mich ein sehr wichtiger Aspekt, weil ich als klinischer Pharmakologe weiß und beobachte, daß die klassischen Lipidsenker allesamt mit einem nicht zu unterschätzenden Risiko behaftet sind.

Gesundes Essen verlängert und verbessert das Leben

Frage: Ist das nur ein theoretisches Risiko oder hat das auch Auswirkungen auf die Compliance der Patienten, die mit Lipidsenkern behandelt werden?

Kirsten: Zu mir kommen viele Patienten unter lipidsenkender Therapie, die klipp und klar erklären, ihren Lipidsenker absetzen zu wollen, weil sie ihn nicht gut vertragen. Diese Patienten nehme ich sehr ernst und denke, daß ich als Arzt verpflichtet bin, ihrem Wunsch zu entsprechen, sofern ich ihnen auf andere Art helfen kann, von ihren pathologisch erhöhten Blutfetten herunterzukommen.

Verpflichtung zur Hilfe

Frage: Und diese Behandlung anderer Art besteht im Aussprechen von Diät-Empfehlungen?

Kirsten: Ich halte gar nichts davon, meinen Patienten generelle Empfehlungen zu geben, weil ich weiß, daß sie diese nicht oder nur ungenügend in ihren Alltag umsetzen können. Diese Vorgehensweise halte ich für zu akademisch.

Generelle Ratschläge taugen nicht

Frage: Wie gehen Sie stattdessen vor?

Kirsten: Ich lasse die Patienten einige Tage detailliert protokollieren, was sie essen und trinken. Dann berechne ich für jeden einzelnen Ernährungsbestandteil die Kalorienzufuhr, den Fett-, Eiweiß- und Kohlenhydratgehalt sowie die Cholesterinaufnahme. Liegt der Fettanteil an der Gesamtenergiezufuhr bei

Den Speiseplan individuell abändern

über 30 Prozent, bespreche ich ganz konkret mit dem Patienten, an welchen Positionen seines Speiseplanes er Änderungen vornehmen kann und sollte. Ich sage also nicht pauschal »iß weniger Fett«, sondern empfehle ganz konkret »tausche die Butter auf dem Frühstücksbrötchen gegen Diät-Margarine aus«, »ersetze den fetten Camembert beim Abendbrot durch Harzer Käse«.

Frage: Sie greifen also die jeweils individuellen Ernährungssünden heraus?

Sünden ausmerzen

Kirsten: Das tue ich und probiere gemeinsam mit dem Patienten, ob wir diese Sünden ausmerzen können. Die meisten Patienten sind einsichtig, wenn sie merken, daß ich als Arzt weiß, wovon ich rede.

Frage: Heißt das, Sie leben selbst nach der von Ihnen empfohlenen Diät?

Ich teste selbst, was ich empfehle

Kirsten: So ist es. Ich mute meinen Patienten nur eine Diät zu, von der ich aus eigener Erfahrung weiß, daß sie schmackhaft und in die Tat umsetzbar ist, ohne daß man in der körperlichen oder geistigen Leistungsfähigkeit nachläßt. Ich kann meinen Patienten nur das mit großer Begeisterung vermitteln, was ich mir auch selbst zumute.

Frage: Nun gibt es Stimmen, die behaupten, nur Psychopathen seien motivierbar, länger als 3 Jahre eine Diät durchzuhalten.

Konsequenz macht keinen zum Psychopathen

Kirsten: Umgekehrt gibt es auch Stimmen, die behaupten, nur Psychopathen seien bei einer Krankheit, die subjektiv keinerlei Beschwerden verursacht, zu einer Dauermedikation zu bewegen. Ich halte weder mich selbst noch meine erfolgreichen Diät-Patienten für Psychopathen, sondern für Menschen, die wenig davon halten, das Risiko einer Fettstoffwechselstörung durch das Risiko einer Dauermedikation zu ersetzen, die stattdessen lieber das konsequent aus dem Speiseplan streichen, was ursächlich für die pathologisch erhöhten Blutfette verantwortlich ist.

Frage: Welche Cholesterinwerte sind mit Ihrer Diät erreichbar und wie steht es um die Erfolgsrate?

Ein Drittel erreicht den Normbereich von 200

Kirsten: Etwa 30 Prozent meiner Patienten mit Ausgangswerten von 300 mg/dl Gesamtcholesterin sind durch mein schrittweises und individuelles diätetisches Vorgehen innerhalb eines Jahres auf Werte von 180 bis 200 mg/dl einzustellen. Leider gehen immer noch zu viele Ärzte und damit auch viel zu viele Patienten von der Vorstellung aus, Werte um 250 mg/dl seien normal. Große epidemiologische Studien haben jedoch ganz eindeutig gezeigt, daß jeder Wert über 200 mg/dl ärztlicher Aufmerksamkeit bedarf.

Frage: Bei einer Erfolgsrate von 30 Prozent bleibt eine Mißerfolgsrate von 70 Prozent. Ist das ein zufriedenstellendes Ergebnis?

Keine Totalversager

Kirsten: Bei den 70 Prozent handelt es sich nicht um totale Therapieversager. In dieser Gruppe finden sich jene Patienten, die das angestrebte Therapieziel, nämlich einen Gesamtcholesterinspiegel zwischen 180 und 200 mg/dl, nicht erreichen. Auch diese Patienten sprechen auf die Diät an, aber sie bleiben bei Werten zwischen 230 und 250 mg/dl stehen und bedürfen dann nach einem halben oder einem ganzen Jahr einer zusätzlichen medikamentösen Therapie.

Frage: Auch wenn Sie bei Ihren Patienten sehr individuell vorgehen, so lassen sich doch wahrscheinlich einige Hauptternährungssünden generalisieren?

Schrittweise Streichung vom Speiseplan

Kirsten: Wenn man einmal vom Bier absieht, stehen immer wieder Fleisch, Wurst, Butter, Sahne, Käse und Eigelb im Vordergrund, also cholesterinreiche Nahrungsmittel mit einem Übermaß an gesättigten Fettsäuren tierischer Herkunft. Will man deutlich erhöhte Cholesterinwerte auf 180 bis 200 mg/dl senken, müssen diese Nahrungsmittel zwar Schritt für Schritt, im Endeffekt aber radikal vom Speiseplan gestrichen werden.

Ein Sündentag pro Woche

Um einen Einwand gleich vorwegzunehmen: Ich gestatte mir und meinen Patienten ein oder zwei Sünden-Tage pro Woche, an denen gegessen werden darf, was das Herz begehrt oder ein Gastgeber auf den Tisch bringt. Fünf Diät-Tage pro Woche reichen in der Regel aus, um das Therapieziel zu erreichen. Die gestatteten Sünden-Tage bewahren den Patienten vor dem Compliance-feindlichen Gefühl des Versagens und vermeiden soziale Vereinsamung.

Frage: Nun ist ja wahrscheinlich nichts schwerer zu ändern als Gewohnheiten. Akzeptieren die Patienten eine derart radikale Ernährungsumstellung?

Kirsten: Das ist ein mühevoller,

aber gangbarer Weg, den man nicht mit einem großen, wohl aber mit vielen kleinen Schritten zurücklegen kann. Fangen wir mit der Butter an und ersetzen sie als Brotaufstrich beim Frühstück und beim Abendbrot durch Diät-Margarine: Das ändert nichts an der Gesamtfettmenge, wohl aber an der Cholesterinzufuhr, die bei diesem Lebensmittel von rund 100 bis 200 mg pro Tag auf Null sinkt; außerdem tausche ich damit die überwiegend gesättigten Fettsäuren der Butter gegen die erstrebenswerten mehrfach ungesättigten Fettsäuren der Diät-Margarine aus. Und ist die Butter erst einmal als Brotaufstrich verschwunden, wird sie bald auch nicht mehr zum Braten und Kochen verwendet, wird sie gar nicht erst eingekauft werden.

Die kleinen Schritte führen zum Erfolg

Frage: Muß es Diät-Margarine sein oder genügt Pflanzenmargarine?
Kirsten: Hinsichtlich des Cholesteringehalts sind beide Margarinesorten gleich zu beurteilen, sie enthalten praktisch kein Cholesterin, sie unterscheiden sich jedoch hinsichtlich der Fettzusammensetzung: Pflanzenmargarine enthält hauptsächlich einfach ungesättigte Fettsäuren, während Diät-Margarine

Unterschiede bei Pflanzenfetten beachten

ganz überwiegend mehrfach ungesättigte Fettsäuren enthält. Ganz ähnlich verhält es sich bei den empfehlenswerten Ölen: Diät-Speiseöl enthält einen sehr hohen Anteil mehrfach ungesättigter Fettsäuren, Olivenöl einen sehr hohen Anteil einfach ungesättigter Fettsäuren.

Frage: Jetzt haben Sie dem Patienten die Butter vom Brot genommen. Wurst, so sagten Sie vorher, und Käse müssen auch gestrichen werden. Werden die Mahlzeiten nicht reichlich karg?

Alternativen für tierisches Fett

Kirsten: Wenn die Patienten partout nicht von der Wurst lassen können, empfehle ich ihnen Diät-Produkte, z. B. nach Art der Kalbsleberwurst oder nach Art der Teewurst, in denen tierische Fette durch linolsäurereiche Fette pflanzlicher Herkunft ersetzt sind.

Frage: Stimmt die Vermutung, daß Sie auch Eier vom Einkaufszettel verbannen?

Langweilige Mahlzeiten sind nicht notwendig

Kirsten: Ab und zu erlaube ich ein Ei, beispielsweise an den Sünden-Tagen. Der drastisch einzuschränkende Eierverbrauch hängt mit der Tatsache zusammen, daß ein Eigelb rund 280 mg Cholesterin enthält, also bereits das Maximum dessen, was pro Tag aufgenommen werden sollte. Aber auch der Verzicht auf Eier muß nicht zur Langeweile auf dem Speiseplan führen, denn für Pfannengerichte wie Rührei, Omelette und Pfannkuchen gibt es dotterfreie Diätprodukte, die pro Portion höchstens 2 mg Cholesterin enthalten.

Frage: Wie steht es um die Getränke, was ist hier erlaubt und sinnvoll?

Viele Getränke sind erlaubt

Kirsten: Mineralwasser, Tee und nach körperlicher Anstrengung ein alkoholfreies Bier sowie täglich ein Glas 0,3prozentige Milch. Ein Glas normale Trinkmilch liefert 7 g Fett und 24 mg Cholesterin, bei entrahmter Milch sind sowohl Fett als auch Cholesterin zu vernachlässigen, die Kalorienmenge ist etwa auf die Hälfte reduziert.

Frage: Es gibt Fachleute, die sagen, diätetische Intervention lohne sich nur bei Kindern und jungen Erwachsenen, kaum jedoch bei älteren und schon gar nicht bei alten Patienten.

Ein lohnendes Ziel

Kirsten: Hier bin ich völlig anderer Ansicht. Ich behandle auf meine Art auch 70- und 80jährige. Ich erwarte nicht, dadurch die Lebenserwartung zu verlängern, sehr wohl aber die Lebensqualität zu verbessern. Ich möchte im Idealfall erreichen, daß meine Patienten bis zum Ende gesund sind. Die Atherosklerose ist ja ein progressiver Prozeß. Wenn es mir schon nicht gelingt, durch Diät zur Regression der Atherosklerose zu kommen, so ist doch das Ziel, die weitere Progression zu stoppen, ein durchaus lohnendes.

Frage: Lassen Sie uns den Grenzwert, ab dem Sie eine Behandlung für erforderlich halten, etwas näher einkreisen.

Grenzwerte für eine Intervention

Kirsten: Ist das Gesamtcholesterin über 200 mg/dl, bestimme ich das HDL und errechne den Faktor Gesamtcholesterin zu HDL. Ist dieser Faktor unter oder gleich 3, gebe ich mich mit gelegentlichen Kontrollen zufrieden. Ist der Faktor größer als 3, beginne ich eine Diät, deren Strenge sich nach der weiteren Risikofaktorenkonstellation des Patienten richtet. Meiner Ansicht nach wird zu wenig beachtet, daß körperliche Betätigung zur HDL- Erhöhung beitragen kann. Um hier ein meßbares Plus zu erzielen, muß der Patient allerdings täglich mindestens 30 Minuten laufen oder 60 Minuten in beschleunigter Gangart spazierengehen.

Frage: Hypercholesterinämien haben ja häufig eine genetische Komponente. Heißt das, daß die erhöhten Blutfette bei diesen Patienten schicksalhaft sind?

Die genetische Komponente ist auch zu beeinflussen

Kirsten: Die genetische Komponente spielt zweifellos eine Rolle, aber Sie können die genetische Determinante durch Diät positiv beeinflussen. Allzu oft wird die genetische Komponente als faule Ausrede benutzt und akzeptiert. Es gibt Übergewichtige, die partout nicht abnehmen, obgleich sie angeben, sich strikt an die Diät zu halten. Kommen diese Patienten aus anderen Gründen in stationäre Behandlung und werden auf Diät gesetzt, nehmen sie sehr wohl ab, und im Gefolge normalisieren sich auch die Cholesterin- und Triglyceridwerte sowie der Blutdruck.

Frage: Gelten bei Hyperlipidämikern mit eingeschränkter Nierenfunktion besondere Diät-Empfehlungen?

Eiweiß bei hohem Kreatinin reduzieren

Kirsten: Hier muß man differenzieren. Grundsätzlich gelten dieselben Empfehlungen. Sofern die Patienten Kreatininwerte unter 4 mg/dl haben, braucht die Eiweißzufuhr nicht eingeschränkt zu werden, bei Patienten mit Kreatininwerten zwischen 4 und 8 mg/dl muß das Eiweiß auf 30 bis 50 g pro Tag reduziert werden, bei Kreatininwerten über 8 mg/dl auf 18 bis 25 g, wobei die Einstellung sehr individuell erfolgen muß, um den Plasmaeiweißverlust etwa bei Nephrosepatienten zu berücksichtigen. Noch problematischer, wenn auch mindestens ebenso wichtig, ist es, bei diesen Patienten die Phosphatzufuhr zu reduzieren oder einen Phosphatsenker einzusetzen, weil das Phosphat ganz wesentlich zur Progression der Nierenerkrankung beiträgt. Bei Nierenpatienten mit Hyperlipidämien läßt sich das Cholesterin mit Diät allein oder durch eine Kombination von Diät und Pharmakotherapie im allgemeinen sehr gut einstellen, weil diese Patienten sich durch eine überdurchschnittlich gute Disziplin auszeichnen.

Helmut Rottka

Gesündere Ernährung ohne Wiegen, Messen und Zählen

vorab veröffentlicht in »Der Kassenarzt« Nr. 32/90

Helmut Rottka,
Berlin

Professor Dr. med. Helmut Rottka war als Internist Chefarzt am Rudolf-Virchow-Krankenhaus in Berlin, ehe er 1971 als Leiter des Referates Gesundheit und Ernährung ins Bundesgesundheitsamt wechselte. Seit 1988 hat er eine Professur für Ernährungsmedizin an der Freien Universität Berlin. Rottka bekleidet außerdem mehrere Ämter bei der Deutschen Gesellschaft für Ernährung und ist Vizepräsident der Akademie für Ernährungsmedizin.

Frage: Mit Ihrem Namen verbindet sich für uns die große Berliner Vegetarier-Studie. Was ist das besondere an dieser Studie?

Die erste Vegetarier-Studie

Rottka: Diese Untersuchung war sozusagen meine letzte wissenschaftliche Tat beim BGA. Es klingt vielleicht unbescheiden, aber es entspricht den Tatsachen: Unsere Studie ist die erste größere Studie an Vegetariern, die wirklich als kontrolliert zu bezeichnen ist.

Frage: Würden Sie das bitte etwas näher erläutern?

Auf der Suche nach einer prudent diet

Rottka: Ziel der 1981 begonnenen epidemiologischen Studie an Vegetariern war es, postulierte gesundheitliche Vorteile einer vegetarischen Ernährungsweise abzusichern. Im Vordergrund standen Untersuchungen zur Prävalenz von kardiovaskulären Risikofaktoren, Herz-Kreislauf-Krankheiten, übergewichtsabhängigen Krankheiten sowie gastrointestinalen Störungen bei Vegetariern und Nicht-Vegetariern. Die Studie wurde u. a. auch deshalb durchgeführt, um eine vernünftige und pragmatische, in sich geschlossene Kostform zu finden und empfehlen zu können, die den Anforderungen einer prudent diet entspricht.

Frage: Gestatten Sie noch eine methodische Vorfrage. Es wird immer wieder darauf abgehoben, daß die gesundheitlichen Vorteile der Vegetarier gar nicht durch die vegetarische Ernährung bedingt sind, sondern durch die Tatsache, daß sich Vegetarier insgesamt wesentlich gesundheitsbewußter verhalten als die Normalbevölkerung. Haben Sie in Ihrer Studie einen Ausweg aus diesem Dilemma gefunden?

Optimale Auswahl der Kontrollgruppe

Rottka: Die Gruppe unserer Vegetarier bestand nicht nur aus bestimmten, z. B. ethisch oder religiös oder gesundheitlich motivierten Probanden. Für die Kontrollgruppe haben wir einen besonders hohen methodischen Aufwand betrieben: Im sog. matched-pair-Verfahren haben wir jedem Vegetarier einen geschlechts-, alters- und bildungsgleichen sowie gesundheits- und ernährungsbewußten Nicht-Vegetarier zugeordnet. Ziel dieser Art des Vorgehens war es, im Ergebnis den Unterschied so weit wie möglich auf das Essen oder Nichtessen von Fleisch zu reduzieren. Jede der Gruppen bestand aus rund 400 Personen.

Frage: Sie sagten, daß Sie prüfen wollten, ob die vegetarische Ernährung den Anforderungen an eine prudent diet entspricht. Tut sie es?

Rottka: In dieser Hinsicht sind unsere Erwartungen weit übertroffen worden. Folgt man präventiven Gesichtspunkten, ist vegetarische Ernährung eine der optimalsten Ernährungsformen überhaupt, die zudem noch den großen Vorteil hat, relativ einfach zu sein. Man muß sich nur entschließen, Vegetarier zu werden, dann ergibt sich alles andere von allein – man muß nichts extra berechnen, nichts abwiegen, nicht dauernd über die Zusammensetzung der Mahlzeiten nachdenken.

Übertroffene Erwartungen

Frage: Bevor wir einige der von Ihnen gefundenen Ergebnisse näher beleuchten, sollten wir vielleicht noch kurz definieren, wie man korrekt Personen bezeichnet, die auf Fleisch- und Fischverzehr sowie auf andere Produkte tierischen Ursprungs verzichten.

Rottka: Ovo-Lacto-Vegetarier sind Personen, die kein Fleisch von warm- oder kaltblütigen Tieren essen, wohl aber tierische Lebensmittel wie Milch, Milchprodukte und Eier. Diese Gruppe stellt zahlenmäßig den überwiegenden Anteil aller Vegetarier; Anthroposophen und

Drei Gruppen von Vegetariern

Mormonen gehören partiell zu ihnen. Lacto-Vegetarier sind Personen, die zusätzlich auf den Genuß von Eiern verzichten. In diese Gruppe gehören beispielsweise die Waerland-Anhänger. Und Veganer schließlich sind Personen, die den Genuß sämtlicher von Tieren stammender Lebensmittel ablehnen, also Fleisch von warm- und kaltblütigen Tieren, Milch, Milchprodukte, Eier und sogar Honig.

Frage: Stellt vegetarische Kost eine Mangelernährung dar?

Vegetariern fehlt nichts

Rottka: Das Weglassen von Fleisch und Fisch aus einer im übrigen abwechslungsreichen und gemischten Kost führt ernährungsphysiologisch zu keiner Fehlernährung. Vegetarische Ernährung hat keine bekannten Nachteile, bietet aber eine Reihe von Vorteilen und ist als Dauerernährung für den Erwachsenen geeignet.

Veganer können Mangel leiden

Die veganische Ernährung dagegen kann zu Mangelerscheinungen führen, wobei Eisen und Vitamin B_{12} im Vordergrund stehen. Diese Form der Ernährung kann man z.Z. allenfalls Erwachsenen anraten, keinesfalls (Klein-)Kindern, schwangeren und stillenden Frauen.

Frage: Sie haben in beiden Gruppen eine Fülle antropometrischer und biochemischer Daten gemessen. Uns interessiert besonders die Rolle des Fettes in der Ernährung. Welche Blutfettwerte haben Sie bei Vegetariern und Nicht-Vegetariern gefunden?

Hohe Cholesterinwerte sind extrem selten

Rottka: Vegetarier haben statistisch signifikant niedrigere Cholesterinspiegel als Nichtvegetarier. Während von den männlichen Vegetariern nur 3 % in den höheren Risikobereich von über 260 mg/dl fallen, wurden solche Werte bei 18 % der gesundheitsbewußten Kontrollgruppe der männlichen Nicht-Vegetarier gefunden. Diese Untersuchungsergebnisse decken sich mit den Berichten zahlreicher anderer Autoren und stehen in enger Beziehung zur verminderten Zufuhr von gesättigten Fettsäuren und Nahrungscholesterin sowie einer deutlich höheren Aufnahme von Ballaststoffen bei Vegetariern. Die 163 männlichen Vegetarier unserer Studie hatten ein durchschnittliches Gesamtcholesterin von 181,5 mg/dl, bei den 165 Nicht-Vegetariern lag dieser Wert bei 214,3 mg/dl. Bei den Frauen hatten die 208 Vegetarierinnen ein durchschnittliches Gesamtcholesterin von 200,4 mg/dl, die 189 Nicht-Vegetarierinnen 212,3 mg/dl. Der Anteil der Studienteilnehmer mit niedrigen HDL-Werten lag zwar relativ hoch, berücksichtigt man jedoch das Verhältnis von HDL-Cholesterin zu Gesamtcholesterin, finden sich bei den Frauen keine Unterschiede in den Mittelwerten, während bei den Männern die Vegetarier im Vergleich zu Nicht-Vegetariern mit ihrem signifikant höheren Verhältnis deutlich besser abschneiden.

Frage: Es wird gelegentlich behauptet, niedriges Cholesterin bedinge bösartige Tumorerkrankungen. Können Vegetarier-Studien zur Klärung dieser Frage beitragen?

Die niedrige Krebsrate ist belegt

Rottka: Es gibt eine ältere Arbeit von Dayton, in der ein Zusammenhang zwischen niedrigem Cholesterin und Krebshäufigkeit gefunden worden ist. Diese Aussage ist jedoch später von den Autoren ausdrücklich zurückgenommen worden, weil sich nachträglich herausstellte, daß die Patienten bereits Krebs hatten, als bei ihnen das niedrige Cholesterin entdeckt wurde. Nur haben diejenigen, die an einem solchen Argument interessiert waren, diese Korrektur nie zur Kenntnis genommen. Im übrigen widerlegen gerade Vegetarier das Argument, wie viele Studien zeigen. Vegetarier haben durchweg niedrigere Cholesterinwerte als die Normalbevölkerung und gleichzeitig eine wesentlich niedrigere Krebsrate. Das haben nicht nur amerikanische Untersuchungen gezeigt, die vegetarisch lebende Adventisten mit der kalifornischen Wohnbevölkerung verglichen haben. Zu demselben Ergebnis ist auch eine über 5 Jahre angelegte Studie des Heidelberger Krebsforschungszentrums an deutschen Vegetariern gekommen, die mit der Todesursachenstatistik des Statistischen Bundesamtes verglichen wurden.

Frage: Für die Normalbevölkerung ist es relativ schwierig, cholesterinsenkende Diät-Empfehlungen in Alltagskost umzusetzen. Ergeben sich aus Ihrer Vegetarier-Studie griffige Empfehlungen?

Sinnvoller Abschied vom Schlaraffenland

Rottka: Ja, unsere Ergebnisse – die u.a. auch an Personen gewonnen wurden, die nur einmal pro Woche Fleich essen, die in ihren gesundheitsrelevanten Parametern genauso günstig wie die Vegetarier liegen – lassen gesicherte Empfehlungen zu. Fleisch sollte nicht mehr der wertbestimmende Bestandteil einer

Mahlzeit sein, sondern die Güte und Menge der Beilagen wie Kartoffeln, Gemüse, Brot. Fleisch wie bei meiner preußisch sparsamen Oma einmal pro Woche, Wurst zweimal dünn auf einer dicken zugeklappten Stulle – das entspricht zwar nicht unseren heutigen Schlaraffenlandsitten, deutet aber die Tendenz an, in die wir uns bewegen sollten. Eine solche Ernährungsweise bringt uns die Gesundheitsvorteile der Vegetarier tendentiell auch für die Normalbevölkerung. Der Verzicht auf Fleisch eliminiert den größten Fett- und Cholesterinbringer. Um satt zu werden, wird automatisch der Anteil an Ballaststoffen erhöht, die ja erhebliche präventive Bedeutung haben.

Frage: Eine persönliche Zwischenfrage: Sind Sie selbst Vegetarier?
Rottka: Nein, aber ich habe immer nur sehr wenig Fleisch gegessen.

Frage: Es gibt nicht nur in unserem Lande einen Streit um die Butter. Essen beispielsweise Vegetarier weniger Butter als Nicht-Vegetarier?

Möglichst wenig gesättigte Fettsäuren

Rottka: Der Butterverzehr unterscheidet sich praktisch kaum vom durchschnittlichen Butterverzehr in der Bundesrepublik Deutschland.

Es geht ja auch gar nicht um die Streichfette, sondern es geht um eine möglichst niedrige Menge an gesättigten Fettsäuren in unserer Ernährung. Und in dieser Hinsicht sind wir mit unseren Verzehrsgewohnheiten schlecht dran durch den hohen Anteil an gesättigten Fettsäuren, die wir über tierische Nahrungsmittel aufnehmen, also Fleisch, Wurst und Milchprodukte, wozu auch die Butter gehört. Schlüsseln wir den Fettverzehr der von uns untersuchten Gruppen näher auf, so zeigen sich allerdings aufschlußreiche Unterschiede. Während Frauen im Bundesdurchschnitt (laut Ernährungsbericht 1984) 121 g Fett pro Tag zu sich nehmen, so sind es bei den von uns untersuchten Vegetarierinnen 44 g weniger. Auch bei den Männern ist der Fettverzehr im Bundesdurchschnitt wesentlich höher als bei unseren Vegetariern.

Deutliche Unterschiede beim Fettverzehr

Frage: Erlauben die von Ihnen erfaßten Daten auch Aufschluß über die Zusammensetzung der Fettsäuren?

Rottka: Ja, das tun sie. Verglichen mit den Daten des Ernährungsberichts liegt die durchschnittliche Aufnahme gesättigter Fettsäuren bei Vegetariern deutlich niedriger. Während die Normalbevölkerung durchschnittlich täglich 56 g (Männer) bzw. 47 g (Frauen) an gesättigten Fettsäuren zu sich nimmt, sind es bei den Vegetariern 40 g (Männer) bzw. 31,4 g (Frauen). Bei den mehrfach ungesättigten Fettsäuren und auch bei der als besonders positiv einzustufenden Linolsäure ist das Verhältnis zwischen Vegetariern und Nicht-Vegetariern eher umgekehrt: Männliche Vegetarier nehmen beispielsweise mit durchschnittlich 21 g mehrfach ungesättigten Fettsäuren rund 2 g mehr zu sich als der Bundesdurchschnitt.

Frage: Von den Cholesterinwerten bei den von Ihnen untersuchten Probanden hatten wir schon gesprochen. Wie steht es um die tägliche Cholesterinaufnahme?

Statt cholesterinreicher Lebensmittel Diät-Produkte

Rottka: Vegetarier beiderlei Geschlechts haben eine deutlich niedrigere Cholesterinaufnahme als die von uns untersuchten Nicht-Vegetarier, deren Verzehr jedoch noch wesentlich unter dem Bundesdurchschnitt liegt. Während Männer im Bundesdurchschnitt täglich 608 mg Cholesterin mit der Nahrung aufnehmen, sind es bei den von uns untersuchten Nicht-Vegetariern 440 mg/die, bei den Vegetariern nochmals 40 % weniger, nämlich 280 mg/die. Wenn man sich den Eier-Verzehr näher ansieht – denn Eier gehören zu den cholesterinreichsten Lebensmitteln –, dann fällt auf, daß Vegetarier mit ca 13 g/die deutlich weniger Eier als Nicht-Vegetarier (22 g/die) verzehren, was sich günstig auf die schon erwähnte Cholesterinzufuhr auswirkt. Im Bundesdurchschnitt beträgt der Eier-Verzehr bei Männern 40 und bei Frauen 35 g/die.

Ein Eidotter enthält das Tagesmaximum

Der entscheidende Cholesterinträger im Ei ist das Eidotter, das rund 300 mg Cholesterin enthält – das ist aus ernährungsphysiologischer Sicht bereits das Tages-Maximum. Wer Probleme mit dem Cholesterin hat, sollte also auf Eier nach Möglichkeit ganz verzichten oder bei der Zubereitung von Rührei, Omelette und Pfannkuchen auf Diätprodukte ausweichen, in denen das Eidotter gegen unbedenkliches Sonnenblumenöl und Lecithin ausgetauscht ist.

Frage: Wenn wir Sie in Sachen Fett richtig verstanden haben, heißt die entscheidende Diät-Empfehlung Fettreduktion. Welche Rolle spielt denn die Fettmodifikation, also der

Ersatz gesättigter durch einfach oder mehrfach ungesättigte Fettsäuren?

Rottka: In der Tat ist die Fettreduktion der entscheidende Faktor. Wenn wir weniger als 25 % unserer Nahrungsenergie aus Fett bezögen, also im Schnitt weniger als 60 g Fett pro Tag äßen, wäre es völlig egal, welches Fett das wäre. Das ist jedoch nicht realisierbar, da es nicht unseren Ernährungsgewohnheiten entspricht und Fett bei vielen Lebensmitteln Geschmacksträger ist. Aus diesem Grunde ist es wichtig, die Fettzusammensetzung zu modifizieren. Pflanzliche Öle und Fette – nicht jedoch die Plattenfette – mit ihren ungesättigten Fettsäuren reduzieren als »Ersatz« fast automatisch die Aufnahme von gesättigten Fettsäuren. Mehrfach ungesättigte Fettsäuren haben aber darüber hinaus auch einen cholesterinsenkenden Effekt. Dieser senkende Effekt ist allerdings nur halb so groß wie die erhöhende Wirkung der gesättigten Fettsäuren.

Das krankmachende Zuviel einschränken

Mehrfach ungesättigte Fettsäuren sind, wenn ich es einmal etwas salopp formulieren darf, per se keine Gesundmacher, sondern sie helfen, von dem krankmachenden Zuviel an gesättigten Fettsäuren herunterzukommen. In diesem Sinne sind auch fettreduzierte Wurst- und Käsesorten, wie sie zunehmend auf den Markt kommen, sehr sinnvoll und begrüßenswert.

Begrüßenswerte Maßnahmen

Auch der Ersatz von tierischen Fetten durch pflanzliche Öle und Fette beispielsweise in Wurst und Würstchen in jetzt von einer Markenfirma produzierten Lebensmitteln - allerdings dürfen sie nicht als Wurst bezeichnet werden - sind eine Maßnahme, für die wir uns schon sehr früh eingesetzt haben.

Frage: Dennoch scheint es so zu sein, daß die Vermarktung solcher Produkte auf Schwierigkeiten stößt - nicht nur bei den Verbrauchern, sondern bei den Mitbewerbern, die der traditionellen Landwirtschaft verhaftet sind.

Noch gibt es mächtige Widerstände

Rottka: In der Tat sind solche Widerstände der Landwirtschaftslobby noch sehr mächtig. Aber ich bin sicher, daß zumindest ein Teil dieser Hemmnisse mit der Harmonisierung des europäischen Binnenmarktes endlich abgebaut werden können, damit der Verbraucher in den Genuß von ernährungsphysiologisch sinnvollen und schmackhaften Produkten kommt.

Hans Hoffmeister

3 von 10 Deutschen haben aufgrund ihres Cholesterinwerts ein hohes Risiko

vorab veröffentlicht in »Der Kassenarzt« Nr. 38/90

Hans Hoffmeister, Berlin

Prof. Dr. rer. nat. Hans Hoffmeister ist gelernter Biochemiker und über die klinische Biochemie am Hamburger Universitätskrankenhaus Eppendorf zur Epidemiologie gekommen. Seit 1976 leitet er das Institut für Sozialmedizin und Epidemiologie des Bundesgesundheitsamtes in Berlin, wo er an der Freien Universität auch Epidemiologie lehrt. Er ist Mitinitiator und Sprecher der Deutschen Herz-Kreislauf-Präventionsstudie.

Frage: Zu hohes Cholesterin ist zweifellos ein Risikofaktor. Immer wieder jedoch verschaffen sich auch Stimmen Gehör, nicht nur zu hohes, sondern auch zu niedriges Cholesterin sei gefährlich, denn es sei für eine erhöhte Tumorinzidenz verantwortlich. Läßt sich zu dieser These eine gesicherte Aussage machen?

Seriöser Umgang mit Daten

Hoffmeister: Die These ist in vielen wissenschaftlichen Untersuchungen anhand konkreter Daten geprüft worden. Geht man mit den Langzeitstudien seriös um, in denen Korrelationen zwischen Cholesterinspiegel und Erkrankungs- oder Todeshäufigkeiten geprüft werden, muß man die Patienten, die in den ersten 2 oder 3 Jahren nach dem ersten Meßpunkt eine Tumorkrankheit entwickelt haben, aus der Betrachtung ausschließen...

Frage: ...Warum?

Niedriges Cholesterin und Krebs korrelieren nicht

Hoffmeister: Weil diese Personen zum Zeitpunkt der ersten Cholesterinbestimmung möglicherweise schon tumorkrank waren, auch wenn die Erkrankung klinisch noch nicht manifest war. Schließt man diese Patienten also korrekt aus, findet man in den Langzeitstudien keinen Zusammenhang mehr zwischen niedrigem Cholesterin und Krebs, auch keinen Zusammenhang zwischen niedrigem Cholesterin und anderen Krankheiten.

Ein erwiesener Zusammenhang

Wir selbst haben an den Daten der Hessen-Studie – einer ersten größeren bundesdeutschen Langzeituntersuchung zu dieser Fragestellung – nachgewiesen, daß es einen klaren Zusammenhang zwischen Cholesterin und Herz-Kreislauferkrankungen in dem Sinne gibt, daß die Zahl der Herzinfarkte und anderer Herz-Kreislauferkrankungen mit steigenden Cholesterinwerten zunimmt. Wir haben aber über den gesamten Bereich der Cholesterinkonzentrationen, also auch bei Werten bis hinunter zu 160 mg/dl, keinen Zusammenhang mit Krebs und anderen Krankheiten gefunden. Krebs tritt bei allen Cholesterinkonzentrationen gleich verteilt auf, sowohl bei niedrigen als auch bei normalen und hohen Werten.

Frage: Dennoch gibt es seriöse Studien, in denen die Gesamtmortalität mit sinkenden Cholesterinwerten abnimmt, unterhalb einer bestimmten Grenze jedoch wieder ansteigt. Wie ist dieser U-förmige Kurvenverlauf zu erklären?

Hoffmeister: Ihre Feststellung ist zwar richtig, aber ein Zusammenhang zwischen einer bestimmten niedrigen Cholesterinkonzentration und irgendeiner bestimmten Krankheit ist in keiner Studie überzeugend nachgewiesen, weil u.a. die jeweiligen Fallzahlen in diesen Subkollektiven viel zu gering sind, um gesicherte Aussagen zu gestatten.

Keine gesicherten Aussagen

Frage: Ist also die Gesamtmortalität kein geeigneter Untersuchungsparameter?

Hoffmeister: Ganz im Gegenteil: Die Gesamtmortalität verdient allergrößte Aufmerksamkeit. Denn was nützt es, wenn die kardiovaskulären Erkrankungen zurückgedrängt werden, damit aber ein Anstieg anderer Erkrankungen eingehandelt wird? Die WHO-Clofibratstudie beispielsweise hat zwar einen günstigen Effekt auf die Inzidenz der Herzinfarkte und der anderen kardiovaskulären Erkrankungen erbracht, aber auch einen ungünstigen Effekt etwa auf Leber- und Gallenkrankheiten, so daß unter dem Strich bei der Gesamtmortalität nach 6 und 9 Jahren eine ungünstigere Situation für die medikamentös behandelten Patienten resultierte.

Gesamtmortalität verdient höchste Aufmerksamkeit

Frage: Sind in dieser Frage alle Studien zur Senkung der Blutcholesterinspiegel in einen Topf zu werfen oder muß zwischen medikamentöser und diätetischer Intervention unterschieden werden?

Diät-Studien schneiden bisher schlechter ab

Hoffmeister: Bezüglich der Gesamtmortalität haben die reinen Diätstudien – denken Sie beispielsweise an die Los Angeles Veterans Administration Study oder die Finnish Mental Hospital Study – zwar eine Senkung gebracht, die aber statistisch nicht zu sichern war. Günstiger schneidet die Lipid Research Clinics Study ab, in der durch Gabe eines Lipidsenkers (Cholestyramin) und cholesterinsenkende Ernährungsmaßnahmen sowohl die kardiovaskuläre Mortalität als auch die Gesamtmortalität vermindert werden konnten. Die bisher publizierten Diätstudien beziehen sich allerdings auf selektierte Populationen, vorzugsweise auf solche mit einem hohen Risikofaktorenniveau.

Frage: Noch einmal zurück zur Frage des sehr niedrigen oder des zu niedrigen Cholesterins: Haben wir es hier überhaupt mit einer relevanten Frage zu tun? Anders gefragt: Läuft ein Deutscher überhaupt Gefahr, durch eine extrem fett- und cholesterinarme Ernährung auf eine

Cholesterinkonzentration abzusinken, die möglicherweise mit einem erhöhten Risiko einhergeht?

Hoffmeister: Nein, diese Gefahr besteht ganz eindeutig nicht. Das Extrem, das man in unserer Bevölkerung bezüglich der Beeinflussung des Cholesterinspiegels durch Ernährung erreichen kann, findet man bei Veganern, die alle Produkte tierischer Herkunft streng ablehnen, die also mit der Nahrung praktisch kein Cholesterin aufnehmen und auch fettarm und ballaststoffreich essen. Unser Institut hat hier in Berlin eine große Vegetarierstudie durchgeführt und dabei auch einen Anteil von Veganern erfaßt. Ihre Cholesterinwerte liegen zwar deutlich unter denen der Gemischtköstler, aber immer noch nicht so niedrig, wie sich rigide Wissenschaftler das in Bezug auf das Herz-Kreislaufrisiko wünschen. Ein gesunder Gemischtköstler produziert etwa 80 Prozent seines Cholesterins endogen, nur der Rest wird von außen zugeführt. Es geht also gar nicht so sehr darum, wieviel Cholesterin man mit der Nahrung aufnimmt, sondern vielmehr darum, wie hoch der Fettanteil in der Nahrung ist. Denn das aufgenommene Fett, insbesondere das aufgenommene tierische Fett, stimuliert die

Nahrungsfett kurbelt die Cholesterin-Synthese an

körpereigene Cholesterinsynthese. Das zu viele Fett und das falsche Fett sind also die für die Cholesterinspiegel im Blut entscheidenden Faktoren, welche noch wichtiger sind als die Cholesterinzufuhr selbst.

Frage: Sie sind Sprecher der großen Deutschen Herz-Kreislauf-Präventionsstudie (DHP). Bitte beschreiben Sie diese Studie in möglichst knapper Form.

Inhalt und Ziel der DHP-Langzeitstudie

Hoffmeister: Eine Bevölkerungsgruppe von mehr als 355.000 Menschen im Alter von 25 bis 69 Jahren soll auf direktem und indirektem Weg von der Notwendigkeit gesundheitsfördernden Verhaltens überzeugt werden. Dabei werden auf Gemeindeebene in fünf Interventionsregionen Modelle getestet, die dazu beitragen sollen, daß einschlägige Informationen über gesunde Lebensweise kontinuierlich bei der Bevölkerung ankommen. Weiter werden Angebote zur Vorsorge vermehrt. Zum Abschluß des Projekts soll die Frage beantwortet werden, ob in den von der Studie betreuten Regionen die Herz-Kreislauf-bezogene Todesrate zurückgeht. Unser gestecktes Ziel ist es, diese Rate in den Interventionsregionen binnen 8 Jahren um mindestens 8 Prozent zu senken, wobei uns ein repräsentativ ausgewählter Bevölkerungsquerschnitt als Referenzgruppe dient.

Frage: Die Referenzgruppe und die Ausgangswerte in den Interventionsregionen geben doch sicher ein exaktes Bild des Status quo. Wie steht es beispielsweise um das Gesamtcholesterin in unserer Bevölkerung?

Kein günstiger Status quo

Hoffmeister: Nimmt man die globalste aller Zahlen, so haben 74 Prozent aller Deutschen zwischen 25 und 69 Jahren Cholesterinwerte über 200 mg/dl. Nur noch 18 Prozent der Männer ab 40 Jahren haben die erwünschten Cholesterinspiegel von 200 mg/dl oder darunter. Solche günstigen, niedrigen Cholesterinwerte finden sich gar nur noch bei 7 Prozent der Frauen im Alter von 50 Jahren und darüber.

Frage: Und wie sieht es aus, wenn man das 5. und das 95. Perzentil betrachtet, wenn man also die große Mehrheit von 90 Prozent des Gesamtkollektivs einmal ausklammert?

Nur wenige haben Werte im Normbereich

Hoffmeister: Bei den Männern liegen z. B. 5 Prozent der 25- bis 29jährigen unter 140 mg/dl und 5 Prozent der 50- bis 59jährigen unter

170 mg/dl. Bei den Frauen beginnt das 5. Perzentil jenseits des 50. Lebensjahres unter 190 mg/dl. Betrachten wir das 95. Perzentil, so zeigt sich, daß die Grenze, oberhalb derer sich noch 5 Prozent der Gesamtpopulation finden, altersabhängig von 270 auf 330 mg/dl steigt.

Frage: Was heißt das hinsichtlich der Risikoprävalenz?

Sehr viele sind risikobelastet

Hoffmeister: Altersabhängig haben 50 bis 84 Prozent der Männer und 49 bis 93 Prozent der Frauen Gesamtcholesterinwerte oberhalb von 200 mg/dl. Der größte Teil unserer erwachsenen Bevölkerung ist also mit einem mehr oder weniger großen Risiko für eine Herz-Kreislaufkrankheit belastet. Definieren wir 250 mg/dl als Grenze, oberhalb derer bereits ein hohes kardiovaskuläres Risiko angesiedelt ist, dann sind bereits 11 Prozent der jungen Männer und 13 Prozent der jungen Frauen mit diesem hohen Risiko behaftet. In den hohen Altersgruppen trifft das auf 42 Prozent der Männern und 66 Prozent der Frauen zu. Im Durchschnitt der Gesamtstichprobe haben 34 Prozent ein hohes cholesterinbedingtes Risiko.

Frage: Wie sieht es aus, wenn man die Grenze weniger rigide zieht? Wie hoch ist der Anteil der Deutschen mit Gesamtcholesterinwerten von 300 mg/dl und mehr?

9 Prozent haben Werte über 300 mg/dl

Hoffmeister: Bei den 40- bis 59jährigen Männern sind das 9, bei den über 60jährigen Männern 12 Prozent. Die Frauen in der Altersgruppe 40 bis 49 Jahre liegen mit 6 Prozent etwas günstiger als die Männer, in den Altersgruppen jenseits des 50. Lebensjahres mit 20 Prozent jedoch deutlich ungünstiger. Bezogen auf die Gesamtstichprobe haben 9 Prozent der Bundesbürger Cholesterinwerte von 300 mg/dl und darüber.

Frage: Die DHP verfolgt ein Gesamtkonzept, in dem die Risikofaktoren durch Hinwirken auf eine gesündere Lebensweise zurückgedrängt werden sollen. Zeigt sich zur Halbzeit der Studie hier bereits ein Effekt? Hat die Intervention nach 4 Jahren bereits zu einer Verhaltensänderung geführt, die sich z. B. günstig auf die Blutfette auswirkt?

Deutliche Trends nach 4 Jahren

Hoffmeister: Der Bundesforschungsminister hat kürzlich einen Report vorgelegt, in dem auch Aussagen zu den Interventionseffekten in der Bevölkerung enthalten sind.

Danach haben mehr als ein Drittel der Bevölkerung in den Interventionsregionen in irgendeiner Form an DHP-Aktionen teilgenommen. Das findet seinen Niederschlag sowohl in einem meßbaren Wissenszuwachs als auch in Verhaltensänderungen. So äußerten mehr als ein Drittel der Befragten, daß sie in der letzten Zeit versucht hätten, ihre Ernährung umzustellen. Die Änderungen werden deutlich in einem reduzierten Verbrauch von Butter (60 Prozent der Befragten), Fleisch und Wurst (64 Prozent) sowie Salz (59 Prozent). Korrespondierend mit verändertem Ernährungsverhalten war eine Zunahme an körperlicher Aktivität zu beobachten. Diese Effekte bewirkten eine Verbesserung des Gesundheitszustandes.

Die DHP-Maßnahmen scheinen zu greifen

Während im Bundesgebiet im Verlauf der bisherigen Studiendauer der Anteil derjenigen, die ihren gegenwärtigen Gesundheitszustand als gut bzw. sehr gut bezeichnen, von 43 auf 46 Prozent, also um 3 Prozent gestiegen ist, beträgt dieser Zuwachs in den Interventionsregionen der DHP mehr als 5 Prozent. Das bedeutet in absoluten Zahlen, daß in den Interventionsregionen mittlerweile mehr als 30.000 Bürger ihren Gesundheitszustand als besser einschätzen, als dies zu Beginn der Studie der Fall war. Es ist davon auszugehen, daß diese positive Entwicklung großenteils auf die Präventionsmaßnahmen der DHP zurückzuführen ist.

Frage: Wenn unsere Informationen stimmen, sind in den letzten Jahren die Cholesterinspiegel im nationalen Durchschnitt kontinuierlich leicht angestiegen, ebenso der Blutdruck und das Körpergewicht. Gleichzeitig aber sinken kardiovaskuläre Morbidität und Mortalität leicht. Ist das ein Schlag ins Gesicht des Risikofaktorenkonzeptes?

Irritation nur auf den ersten Blick

Hoffmeister: Die gegenläufige Entwicklung bei den Risikofaktoren und der Erkrankungsinzidenz irritiert nur auf den ersten Blick. Wir vermuten, daß der festgestellte Zuwachs bei Sport und körperlicher Aktivität einen bisher unterschätzten, günstigen Einfluß auf Herz und Kreislauf hat. Der positive Effekt auf der Mortalitätsseite ist sicher teilweise aber auch darauf zurückzuführen, daß die Patienten mit schweren Hyperlipidämien und schweren Hypertonien heute besser medikamentös eingestellt sind als sie es noch vor einigen Jahren waren. Außerdem haben wir heute

Viel Notwendiges ist noch zu vermitteln

eine breitere und bessere Versorgung der Koronarkranken mit Bypassoperationen und Ballondilatationen. Das ist allerdings ein mit viel persönlichem Leid verbundener und auch teurer Gewinn, während eine ernstgenommene Prävention den Zeitpunkt, zu dem diese Maßnahmen erforderlich werden, hinauszögern oder ganz vermeiden könnte. Die Erfolge der kurativen Medizin dürfen uns nicht veranlassen, in unseren präventiven Bemühungen nachzulassen. Denn schließlich ist es für niemanden ein Glück, koronarkrank zu werden und sich einer Bypassoperation zu unterziehen.

Frage: Sind Sie mit Blick auf die Cholesterinwerte mit den in der DHP bisher erreichten Effekten zufrieden?

Hoffmeister: Nein. Es ist uns bisher noch nicht in allen Interventionsgebieten in ausreichendem Maße gelungen, die Notwendigkeit einer Ernährungsumstellung zu vermitteln, die im wesentlichen auf Fettreduktion und vermehrte Ballaststoffaufnahme sowie auch auf Bevorzugung pflanzlicher Fette mit hohen Anteilen an mehrfach ungesättigten Fettsäuren hinausläuft.

Insgesamt ist bisher der Ernährungsteil in der DHP zu kurz gekommen, obgleich er bei konsequenter Beachtung der Empfehlungen sicher besonders starke Effekte bringen würde. Daß das Ziel schwer zu erreichen ist, heißt aber keinesfalls, daß das Ziel falsch ist.

Politiker und Ärzte sind jetzt gefordert

Auf dem Wege dahin gibt es hierzulande noch zu wenig Unterstützung und Engagement bei denen, die für eine erfolgreiche Prävention unentbehrlich sind: Politiker und Ärzte. In der Gesundheitspolitik ist Gesundheitsförderung eine zu wenig beachtete Aufgabe, obwohl hier das eigentliche Potential für mehr Gesundheit in unserer Bevölkerung liegt. Hier kann nicht ersatzweise der Umweltschutz herangezogen werden, so wichtig er als eigenständiges Ziel ist.

Risiken des Lebensstils

Für die menschliche Gesundheit sind aber die Risiken des Lebensstils, z. B. solche, von denen vorstehend schon die Rede war, von sehr viel größerer Bedeutung. Die Gesundheitspolitik muß ihr Anliegen im übrigen auch gegenüber anderen Interessen, z. B. in der Landwirtschaft und bei der Produktion bestimmter Lebensmittel, zur Geltung bringen. Wir wissen auch, daß für die Bevölkerung Ärzte die wichtigsten Vorbilder und Trendsetter in Sachen gesunde Lebensweise sind, eine Rolle, der die Ärzte im Mittel noch nicht gerecht werden. Ihre Cholesterinwerte und ihre Rauchgewohnheiten unterscheiden sich z. B. nicht vom Durchschnitt der sozialen Schicht, der sie zuzuordnen sind.

Frage: Aus dem Stichwort »andere Interessen« ergibt sich unsere letzte Frage. Es gibt ja immer wieder Berichte, in denen die Gesundheitsgefahren durch zu hohe Cholesterinspiegel relativiert oder gar in Abrede gestellt werden. Sind derartige Meldungen wissenschaftlich haltbar?

Ein ausgesprochenes Ärgernis

Hoffmeister: Sie sind nicht nur unhaltbar, sondern ein ausgesprochenes Ärgernis. Nach 100 Jahren klinischer, tierexperimenteller und epidemiologischer Forschung über die Ursachen und Entstehungsbedingungen der koronaren Herzkrankheit, auf deren Konto mehr als die Hälfte aller vorzeitigen Todesfälle in unserem Lande gehen, besteht kein Zweifel mehr daran, daß zu hohe Cholesterinkonzentrationen im Blut eine wesentliche Ursache dieser Zivilisationskrankheit sind. Große Anteile unserer Bevölkerung müssen darauf hinarbeiten, ihren Cholesterinspiegel zu senken.

Die wichtigste Behandlungsform erhöhter Cholesterinwerte ist eine Umstellung der Ernährung, begleitet durch verstärkte körperliche Aktivität. Das gilt besonders für Personen mit stark erhöhten Blutspiegeln. Ziel der diätetischen Behandlung ist es, höchstens 30 Prozent der täglichen Kalorien aus Fett aufzunehmen (im Bundesschnitt sind es z.Z. 40 und mehr Prozent). Besonders ungünstig auf das Blutcholesterin wirken sich Fette aus, die überwiegend gesättigte Fettsäuren enthalten. Das trifft für viele tierische Fette, aber auch für einige pflanzliche Fette zu, z. B. für Butter, Schmalz, fette Fleisch-, Wurst- und Käsesorten sowie Kokosfett. Viele pflanzliche Öle, Diätmargarinen und fettmodifizierte Diätprodukte enthalten demgegenüber einen hohen Anteil an einfach und mehrfach ungesättigten Fettsäuren, die den Cholesterinspiegel nicht so sehr in die Höhe bringen.

Sport und fettärmere Ernährung

Im übrigen: Der von manchen Interessengruppen erweckte Eindruck, Cholesterin müsse als lebenswichtiger Bestandteil des Körpers mit der Nahrung zugeführt werden, ist schlicht und einfach falsch, denn der Organismus des Menschen produziert ausreichende Mengen Cho-

Auf Nahrungscholesterin kann man verzichten

lesterin. Auf eine Zufuhr mit der Nahrung kann völlig verzichtet werden, wie streng pflanzlich sich ernährende Vegetarier (Veganer) beweisen. Sie nehmen kein Cholesterin mit der Nahrung auf. Ihre Lebenserwartung ist sogar erheblich höher als die vergleichbarer Gemischtköstler, weil bei ihnen koronare Herzkrankheiten, Krebs und andere Krankheiten seltener auftreten. Dies ist – das haben zahlreiche Studien eindeutig nachgewiesen – zu wesentlichen Teilen der pflanzlichen Ernährung und nicht nur einer insgesamt gesünderen Lebensweise dieser vegetarisch lebenden Menschen zuzuschreiben.

Detlef Kunze

Atherosklerose ist bereits ein pädiatrisches Problem erheblichen Ausmaßes

vorab veröffentlicht in »Ärztliche Praxis« Nr. 13/91

Detlef Kunze,
München

Professor Dr. med. Detlef Kunze hat nach seinem Studium und der Medizinalassistentenzeit zunächst am Forschungsinstitut für Kinderernährung in Dortmund gearbeitet, ehe er 1969 an die Kinderpoliklinik der Universität nach München kam. Dort hat er sich 1974 über Fragen des Wachstums und der Wachstumsstörungen habilitiert. Kunze ist Mitglied zahlreicher nationaler und internationaler Fachgesellschaften, u.a. Vorstandsmitglied der Lipid-Liga.

Frage: Sie setzen sich seit Jahren für ein präventives Lipid-Screening bereits im Kindesalter ein. In weiten Teilen der Öffentlichkeit und auch der Ärzteschaft herrscht jedoch die Meinung vor, Fettstoffwechselstörungen und die daraus resultierende Atherosklerose seien Erkrankungen erwachsener und älterer Menschen. Ist die Atherosklerose tatsächlich schon ein pädiatrisches Problem?

Nur 30 Prozent der Schüler mit lupenreinen Gefäßen

Kunze: Unter Kinderärzten und pädiatrisch tätigen Atheroskleroseforschern ist es seit Jahren unumstritten, daß die zur Atherosklerose führenden Gefäßveränderungen bereits im ganz frühen Kindesalter beginnen. Hierzu gibt es viele gut dokumentierte Arbeiten, die belegen, daß im Schulalter nur etwa 30 Prozent unserer Kinder sozusagen »lupenreine« Gefäße haben, während sich bei 70 Prozent bereits »beeinträchtigte Gefäße« finden. Aufgrund einer WHO-Studie in fünf europäischen Städten an mehr als 18.000 Obduktionsfällen mußte man schon vor ca. 10 Jahren davon ausgehen, daß mehr als 10 Prozent unserer 10- bis 15jährigen Kinder und Jugendlichen bereits erhebliche atherosklerotische Plaques aufweisen. Die Atherosklerose ist auch ein pädiatrisches Problem.

Einfluß auf die Ernährung nehmen

Frage: Spielt die Ernährung hierbei eine Rolle?

Kunze: Die Ernährung spielt hierbei ganz zweifellos eine Rolle. Hier eine Gewichtung vorzunehmen, ist allerdings schwierig, weil es für diese Gefäßveränderungen sicher auch eine genetische Disposition gibt. Diese Disposition ist jedoch nicht zu beeinflussen, während die Ernährung ein veränderbares Verhalten darstellt. Es besteht auf diesem Gebiet also enormer Handlungsbedarf. Ich persönlich denke, daß mehr als die Hälfte der atherosklerotischen Gefäßveränderungen im Kindesalter ernährungsbedingt sind.

Für Kinder gelten andere Normen

Frage: Sind Kinder kleine Erwachsene, hat man bei ihnen von vergleichbaren Normwerten auszugehen wie bei Erwachsenen?

Kunze: Dieser Frage sind wir selbst nachgegangen und können ganz eindeutig sagen, daß für Kinder ganz andere Normen gelten. Man muß wissen, daß alle Lipidwerte – also Gesamtcholesterin, HDL, LDL und Triglyceride – im Kindesalter physiologischerweise verschiedene Phasen durchlaufen. Bei Geburt machen sie nur rund ein Viertel bis ein Drittel der Erwachsenenwerte aus, um dann im ersten Lebensjahr rasant anzusteigen, und zwar auf etwa die Hälfte der Erwachsenenwerte. Jenseits des Säuglingsalters ist der Anstieg dann relativ gering, bis zum Kleinkindalter pendeln sich die Werte im unteren Normbereich der Erwachsenen ein, d. h. bei etwa 140 bis 150 mg/dl. Während der Pubertät zeigen die Werte physiologischerweise teilweise einen Abfall, um dann langsam wieder anzusteigen. Zur exakten Beurteilung des Fettstoffwechsels von Säuglingen, Kleinkindern, Kindern und Jugendlichen ist man also auf altersabhängige Perzentilwerte angewiesen.

Frage: Sie selbst waren an einer Untersuchung von mehr als 350 Münchener Grundschülern im Alter von 6 bis 11 Jahren beteiligt. Wieviele dieser Kinder lagen im Bereich eines mittleren und hohen Risikos?

Mehr als ein Drittel mit zu hohem Cholesterin

Kunze: In dieser von Herrn Dr. Müller-Ortstein und anderen publizierten Studie hielt man sich an die Normwertfestlegung für Cholesterin der Konsensuskonferenz des amerikanischen National Institute of Health, die für Mädchen und Jungen von 2 bis 19 Jahren als mittleres Risiko (75. bis 90. Perzentile) > 170 mg/dl und als hohes Risiko (ab 90. Perzentile) > 185 mg/dl definiert. Von allen untersuchten Schülerinnen und Schülern lagen fast 40 Prozent über der Grenze von 170 mg/dl. Die absolute Zahl der Kinder, die Werte > 185 mg/dl aufwiesen, war größer als die Zahl der Kinder mit Werten zwischen > 170 mg/dl und < 185 mg/dl. Etwa bei jedem vierten Kind bestand also ein hohes Risiko.

Frage: Sind diese Werte typisch für München oder kann man davon ausgehen, daß sie repräsentativ sind?

Vergleichbare Daten

Kunze: Vergleichbare Studien in den USA und in verschiedenen europäischen Ländern – die neueste dieser Studien kommt aus Österreich – zeigen nahezu identische Ergebnisse, so daß ich davon ausgehe, daß die Münchener Zahlen die Situation in Westeuropa repräsentieren.

Frage: In welchem Maße gehen in diese Zahlen Kinder ein, die an einer angeborenen, nämlich der heterozygoten Form der Hypercholesterinämie leiden?

Screening-Test bei Neugeborenen

Kunze: Diese Frage läßt sich sehr präzise beantworten, weil hierzu übereinstimmende epidemiologische Daten aus mehreren Studien vorliegen. Die heterozygote Form der familiären Hypercholesterinämie tritt mit einer Häufigkeit von rund 1:500 auf und ist damit wesentlich häufiger als etwa die angeborene Eiweißstoffwechselstörung Phenylketonurie mit einer Häufigkeit von etwa 1:10.000 oder als die Hypothyreose mit einer Häufigkeit von ca. 1:4.000 – Krankheiten, auf die jedes Neugeborene im Rahmen von generellen Screening-Tests untersucht wird.

Ernährungssünden

Frage: Wenn auch die angeborenen Fettstoffwechselstörungen sehr viel häufiger sind als andere angeborene Stoffwechselstörungen, so führt das aber nicht an der Tatsache vorbei, daß die ganz überwiegende Mehrheit der 40 Prozent aller 6- bis 11jährigen Schulkinder mit risikoreich erhöhten Cholesterinwerten einen Risikofaktor aufweisen, der ernährungsbedingt und damit beeinflußbar ist. Welches sind die für diese Situation verantwortlichen Kardinalfehler in der Ernährung dieser Kinder?

Der Fettanteil ist zu hoch

Kunze: Ernährungserhebungen, an denen ich selbst beteiligt war, machen deutlich, daß unsere Schulkinder bei einer normalen Gemischtkost auf einen Gesamtfettanteil an der Kalorienaufnahme von 42 bis

44 Prozent kommen, während der Kohlenhydratanteil deutlich unter 50 Prozent und damit zu niedrig liegt. Lediglich der Eiweißanteil liegt mit 12 bis 15 Prozent dort, wo er unter ernährungsphysiologischen Gesichtspunkten liegen sollte. Der entscheidende Faktor bei den Schulkindern ist also – wie bei den Erwachsenen auch – der zu hohe Fettanteil an der Gesamtenergiezufuhr. Das diätetische Ziel ist es, den Fettanteil auf 25 bis 30 Prozent zu reduzieren.

Frage: Spielt auch die Zusammensetzung der insgesamt zu viel zugeführten Fette eine Rolle?

Ungünstiges Verhältnis der Fettsäuren

Kunze: Das ist sicher der zweite Hauptgrund für die Hyperlipidämie bei Schülern. Auch hier ist es im Grunde dasselbe wie bei den Erwachsenen: Es werden zuviel tierische Fette mit gesättigten Fettsäuren und zuwenig pflanzliche Fette mit ein- und mehrfach ungesättigten Fettsäuren gegessen. Die von uns Kinderärzten gepredigten Ernährungsempfehlungen sind ganz eindeutig: Wir plädieren nicht für eine wie auch immer geartete einseitige Reduktionskost, sondern für eine ausgewogene Mischkost mit einem ausreichenden Anteil an komplexen

Kohlenhydraten, also an Ballaststoffen. Wir empfehlen eine Reduzierung des Fettverzehrs zugunsten einer Erhöhung der komplexen Kohlenhydrate sowie eine Fettmodifizierung, die sich auf die einfache Formel bringen läßt: weniger gesättigte, mehr ungesättigte Fettsäuren.

Frage: Wie setzt der Laie diese Empfehlung in die Praxis um?

Einfache Faustregel

Kunze: Die Faustregel ist ganz einfach: Eßt weniger tierische Produkte und mehr pflanzliche Produkte mit einem hohen Gehalt an einfach und mehrfach ungesättigten Fettsäuren. Es geht nicht darum, den Kindern etwas zu verbieten. Fleisch, Wurst und Butter sind weiterhin erlaubt, aber eben weniger als üblich – wobei man allerdings wissen sollte, daß Wurst mehr Fett hat als Fleisch und Butter. Auch Eier sind nicht grundsätzlich verboten, nur bitte nicht jeden Tag ein Frühstücksei.

Frage: Gestatten Sie eine persönliche Frage? Wie sieht das Pausenbrot Ihres Sohnes aus?

Keine Butter unter die Wurst

Kunze: In unserem Haushalt kommt zwischen Brot und einen fetten Belag, also zwischen Brot und Wurst, Aufschnitt oder Käse grundsätzlich kein zusätzliches Streichfett. Das gibt es nur beim Marmeladen- oder Honigbrot. Wer ein solches Brot nicht mag oder als zu trocken empfindet, der sollte als Streichfett dann lieber Diäthalbfettmargarine verwenden, die nur den halben Fett- bzw. Kaloriengehalt hat und über 50 Prozent mehrfach ungesättigte Fettsäuren aufweist.

Auch Getränke enthalten viele Kalorien

Sie fragten vorhin nach den Kardinalfehlern in der Ernährung der Kinder und Jugendlichen. Entscheidende Fehler werden auch bei den Getränken gemacht, indem sie nicht als Zwischenmahlzeiten angesehen werden. Ein halber Liter Milch ist eigentlich schon eine richtige Mahlzeit. Und dann werden viel zu viele zuckerhaltige Getränke bevorzugt. Ein 6jähriges Schulkind braucht pro Tag 1.500 Kalorien; 1 Liter Limonade oder Cola – diese Trinkmengen sind keinesfalls eine Seltenheit – liefert jedoch schon knapp 500 Kalorien und 100 Gramm Zukker. Die überkalorische Ernährung unserer Schüler resultiert nicht so sehr aus Süßigkeiten, sondern in erster Linie aus zuckerhaltigen Getränken.

Frage: Wie sollte die Kalorienaufnahme idealerweise über den Tag verteilt sein und warum ist diese Verteilung wichtig?

Kunze: Die Hauptnahrungsaufnahme sollte mit 30 Prozent der Gesamtkalorienzufuhr mittags erfolgen, je 25 Prozent sollten morgens und abends zugeführt werden, die restlichen 20 Prozent je zur Hälfte mit Zwischenmahlzeiten vormittags und nachmittags. Die Verteilung ist deshalb wichtig, damit keine zu großen Blutzuckerschwankungen entstehen, die Einbußen in der Leistungsfähigkeit nach sich ziehen.

Nahrung auf fünf Mahlzeiten verteilen

Frage: Wer könnte einen Beitrag zur gesünderen Ernährung unserer Schülerinnen und Schüler leisten?

Kunze: In erster Linie natürlich die Eltern, die den Schülern das Pausenbrot mitgeben und auch für die Ernährung während des übrigen Tages verantwortlich sind. Im Saarland und in Nordrhein-Westfalen haben Untersuchungen ergeben, daß fast 20 Prozent der Schüler von daheim kein Pausenbrot, sondern Geld mitbekommen, von dem sich die Kinder dann prompt das kaufen, was sie aus ernährungsphysiologischer Sicht meiden sollten. Einen Beitrag könnten aber auch die Schulbehörden und die Schu-

Gesundes Pausenbrot statt Geld

len selbst leisten, indem sie vor Ort gesundes Frühstück anbieten.

Bessere Angebote in den Schulen

Die Praxis sieht jedoch in aller Regel anders aus, denn die Hausmeister haben in dem, was sie verkaufen, freie Hand. Das müßte im Grunde durch eine einfache Verfügung regelbar sein, denn hier geht es ja nicht vorrangig um eine Beschneidung der Freiheit der Hausmeister, sondern um ein übergeordnetes Rechtsprinzip, nämlich um Maßnahmen zur Abwehr von gesundheitlichen Schäden. Gleichwohl gibt es derartige Verfügungen bis heute viel zu selten.

Frage: Schüler neigen stärker als andere Altersgruppen zu Fast-Food. Sind hiergegen auch Bedenken anzumelden?

Auch Fast-Food ist ein Problem

Kunze: Fast-Food ist sicher auch ein Problem, vor allem dann, wenn diese Produkte zur Hauptnahrungsquelle werden. Die Qualität ist im allgemeinen gar nicht so schlecht – die Kritikpunkte sind hier vor allem die Menge und die Art, nämlich die meist tierische Herkunft des verwendeten Fettes.

Frage: Pädiater haben ja stärker als viele andere Fachdisziplinen präventive Aspekte. Welche Forderungen erheben Sie in dieser Hinsicht?

Kunze: Da die Hyperlipidämie kausal von größter Bedeutung ist, gilt es sicher, die genetisch bedingten Fettstoffwechselstörungen möglichst frühzeitig zu erkennen, was beispielsweise durch ein generelles Neugeborenen-Screening möglich wäre. Wenn man sich in Deutschland und in Europa – aus welchen Gründen auch immer – bisher nicht zu einem neonatalen Massenscreening entschließen kann, dann bleibt zu fragen, ob nicht wenigstens ein späteres Screening durchgeführt werden könnte, z. B. im Rahmen eines Schulgesundheits-Erziehungsprogrammes. Damit bestünde zum einen die Möglichkeit der Erkennung der Kinder mit genetisch bedingtem Risiko und auch die Erfassung ihrer Eltern, die häufig symptomlos sind und folglich von ihrer Stoffwechselstörung mit dem Risiko des frühzeitigen Herzinfarkts nichts wissen. Damit bestünde zum anderen auch die Möglichkeit einer Primärprävention durch gezielte Interventionsmaßnahmen.

Genetisch bedingtes Risiko früher erfassen

Eine primäre Präventions-Strategie kann – davon bin ich aufgrund der sattsam bekannten Datenlage felsenfest überzeugt – nicht früh genug im Kindesalter ansetzen, z. B. in Kindergärten, spätestens jedoch in

Einen gesünderen Lebensstil prägen

den Grundschulen. Mit Pilotstudien werden das amerikanische Schulgesundheits-Erziehungsprogramm »Know your Body«, bzw. das deutsche Programm »Mein Körper – meine Gesundheit« an mehreren Orten erprobt und scheinen wegen der aktiven Beteiligung der Kinder erfolgversprechend zu sein mit dem Ziel, einen gesünderen Lebensstil zu prägen. An der Notwendigkeit einer solchen gemeinsamen Präventionsbemühung – einschließlich eines generellen Lipidscreenings – kann heute kein Zweifel mehr bestehen, denn wir wissen, daß bei uns immer noch 40 Prozent der Bevölkerung an den Folgen der koronaren Herzerkrankung sterben – für die die Hyperlipidämie kausal von größter Bedeutung ist – und 30 Prozent aller Krebserkrankungen die Folgen falscher Ernährungsgewohnheiten sind.

Frage: Wie gut ist nach Ihrer Einschätzung das Wissen der Schüler und ihrer Eltern in Sachen gesunde Ernährung?

Erhebliche Defizite im Wissen

Kunze: In den oberen sozialen Schichten ist das Wissen relativ gut, aber bei sehr vielen gibt es ganz erhebliche Wissensdefizite. Sie glauben gar nicht, von wievielen Menschen Milch, Milchprodukte und Milchmixgetränke für extrem gesund gehalten werden. Zwar ist Milch ohne Zweifel ein wertvolles Nahrungsmittel, aber man darf nicht übersehen, das Milch relativ viel Fett und relativ viele Kalorien liefert. Das gleiche gilt für Fleisch und Wurst.

Frage: Ist das nicht auch ein zweifelhaftes Verdienst der bei uns übermächtigen Landwirtschaftslobby?

Unwahrheiten, die verunsichern sollen

Kunze: Das ist sicherlich so. Erst kürzlich lag fast allen bayerischen Tageszeitungen ein Hochglanz-Faltblatt dieser Lobby bei mit dem Titel »Cholesterin lüftet sein Geheimnis«, in dem die geradezu hanebüchene Behauptung aufgestellt wurde, nicht Werte **über** 200 mg/dl Gesamtcholesterin bedürften ärztlicher Kontrolle, sondern Werte **unter** 200 mg/dl, denn sie könnten Krankheitsindikator sein. Praktisch alle Experten sind sich darüber einig, daß solche Behauptungen blanker Unsinn und erwiesene Unwahrheit sind; aber sie sorgen halt mit dem riesigen Finanzaufwand, mit dem sie unters Volk gebracht werden, immer wieder für eine unheilvolle Verunsicherung der Allgemeinheit. Die immer wieder vernebelte Wahrheit über das Cholesterin ist denkbar einfach: Cholesterin an sich ist lebensnotwendig, weswegen es auch vom Organismus selbst produziert wird – gefährlich ist allein das Zuviel an Cholesterin. Unsere Ernährungsgewohnheiten sind leider so gestaltet, daß schon fast die Hälfte unserer Schulkinder und mehr als die Hälfte unserer Gesamtbevölkerung zu hohe Cholesterinwerte aufweisen, die ein erhebliches gesundheitliches Risiko darstellen.

Hermann Esterbauer

Das Risiko ist am größten, wenn hohes Cholesterin und niedrige Antioxidantien-Spiegel zusammentreffen

vorab veröffentlicht in »Atherosklerose« Nr. 2/91

Hermann
Esterbauer,
Graz

Professor Dr. Hermann Esterbauer war nach dem Studium der Chemie zu zwei längeren Forschungsaufenthalten in Amerika und arbeitet seitdem am Institut für Biochemie der Universität Graz, dessen Vorstand er heute ist. Sein Forschungsschwerpunkt sind Pro- und Antioxidantien.

Frage: Sie sind kein Atheroskleroseforscher, dennoch werden Sie seit Jahren zitiert, wenn es um die Initialphase der Atherogenese geht. Wie kommt das?

Begehrtes Wissen

Esterbauer: Wir arbeiten seit 1963 an dem Problem der Lipidperoxidation. Als zu Beginn dieses Jahrzehnts die Hypothese entstand, daß oxidativ veränderte Lipoproteine ursächlich an der Entstehung der Atherosklerose beteiligt sind, war unser Wissen plötzlich sehr begehrt.

Frage: Einerseits korrelieren hohe LDL-Spiegel mit dem Risiko, an einer atherosklerotischen Gefäßveränderung zu erkranken, andererseits gilt als gesichert, daß das LDL-Partikel selbst nicht für die Auslösung der Atherosklerose verantwortlich sein kann. Können Sie das bitte biochemisch erklären?

Schaumzellen stehen am Anfang

Esterbauer: Am Anfang der Atherogenese stehen Schaumzellen, die sich von Makrophagen ableiten. Sie entstehen aus Monozyten – das ist die größte Form der Leukozyten, die sich im Blut befinden. Wenn man Monozyten nimmt, sie in einer Kultur zu Makrophagen werden läßt und ihnen große LDL-Konzentrationen über eine lange Inkubationszeit anbietet, werden sie trotzdem niemals zu Schaumzellen. Das LDL-Partikel selbst ist also an der Atherogenese nicht beteiligt. Wenn man aber das LDL – diese Entdekkung machte die Gruppe von Daniel Steinberg 1981 – mit Endothelzellen vorinkubiert und es dann den Makrophagen anbietet, dann werden die Makrophagen plötzlich zu Schaumzellen.

Oxidative Veränderungen

1984 haben zwei amerikanische Arbeitsgruppen unabhängig voneinander nachgewiesen, daß diese Inkubation des LDL mit Endothelzellen zu einer oxidativen Veränderung geführt hat und daß erst das oxidierte LDL dasjenige ist, das zur Schaumzellbildung führt. Seit dieser Zeit gibt es die Hypothese, die Atherosklerose beginne mit oxidativ verändertem LDL, die heute von vielen Forscher als weitgehend gesichert betrachtet wird.

Frage: Um das zu verstehen, müssen wir uns wahrscheinlich das LDL-Molekül näher ansehen.

LDL ist nicht gut gegen Oxidation geschützt

Esterbauer: Ein LDL-Partikel ist riesengroß und hat ein Molekulargewicht von fast 3 Millionen Dalton. Der innere ölige Kern besteht aus etwa 1500 Molekülen Cholesterinester, die äußere Hülle aus etwa 800 Molekülen Phospholipiden,

600 Molekülen freiem Cholesterin und 7 – 10 Antioxidantien. Eingebettet in die äußere Hülle ist ein Protein, das sog. Apolipoprotein B. Nun ist aber das physiologische Gleichgewichtsverhältnis zwischen ungesättigten Fettsäuren und Antioxidantien mit 1000 : 10 sehr ungünstig, so daß das LDL nicht besonders gut gegen Oxidation geschützt ist. Die Substrate für die zur Schaumzellbildung führende Lipidperoxidation sind die mehrfach ungesättigten Fettsäuren, von denen ein LDL-Partikel etwa 1000 – 1500 enthält.

Frage: Die atherogene oxidative LDL-Veränderung geht also von den im LDL enthaltenen mehrfach ungesättigten Fettsäuren aus. Steigt folglich das Atheroskleroserisiko, wenn entsprechend den Empfehlungen der Lipidologen und Ernährungswissenschaftler vermehrt ungesättigte Fettsäuren angeboten werden?

Natürlicher Zellschutz durch Antioxidantien

Esterbauer: Gäbe es die Antioxidantien nicht, hätten Sie mit Ihrer Vermutung recht, dann würden unsere Zellen innerhalb kürzester Zeit ranzig. Die oxidativen Prozesse würden ungebremst ablaufen und der Organismus würde absterben.

Dem hat die Natur jedoch einen Riegel vorgeschoben und uns wie allen lebenden Organismen eine ganze Reihe von Antioxidantien mitgegeben: Superoxiddismutase, Katalase, Glutationperoxidase und viele andere wirken enzymatisch und entgiften freie Sauerstoffradikale.

Vitamin E und Carotinoide

Alle Lipidmembranen, auch die Membranen der uns in diesem Zusammenhang interessierenden Lipoproteine, sind zudem geschützt durch fettlösliche Antioxidantien, von denen die wichtigsten Vitamin E und die Carotinoide sind. Solange Vitamin E in der äußeren Hülle des LDL-Partikels vorhanden ist, ist das Partikel gegen Radikalangriffe geschützt. Werden also vermehrt polyungesättigte Fettsäuren angeboten, erhöht sich dadurch nicht zwangsläufig das Atheroskleroserisiko. Wir dürfen bei der Beobachtung von Vorgängen im Organismus also nie die ungesättigten Fettsäuren allein betrachten, sondern immer im Zusammenhang mit ihrem natürlichen Verteidigungssystem, den Antioxidantien.

Frage: Wir haben bisher von dem im Blut schwimmenden LDL- Partikel gesprochen. Besteht denn dort angesichts einer Vielzahl von hydrophilen Antioxidantien tatsächlich die Gefahr der oxidativen Veränderung?

Das Blut ist gut geschützt

Esterbauer: Sie haben recht, das Blut ist so reich an Antioxidantien, daß es dort kaum zu einer fatalen Kettenreaktion kommen kann, an deren Ende eine Schaumzelle steht. Wehrt das Vitamin E in der Blutbahn einen Radikalangriff ab, wird es selbst zum Vitamin-E-Radikal, verbleibt aber in der Membran, wo es sofort durch Vitamin C reaktiviert werden kann. Das dabei entstehende Vitamin-C-Radikal wird sofort über Glutathion reaktiviert, das seinerseits über Glukose reaktiviert wird. Im Blut verfügen wir über ein fast sicheres Schutzsystem. Aber das LDL bleibt ja nicht im Blut, es wird von den Endothelzellen aufgenommen und in die Intima abgegeben, wo die glatten Muskelzellen mit Vitaminen, Fettsäuren und Cholesterin versorgt werden müssen.

Kritisch wird es in der Intima

Befindet sich nun allerdings im Bereich der Intima eine Läsion, so finden sich dort in großer Zahl Makrophagen mit der Eigenschaft, ständig Sauerstoffradikale zu bilden. Dort haben wir eine Situation, die durch die Makrophagentätigkeit freigeräumt ist von wasserlöslichen Antioxidantien wie Vitamin C und Glutathion. Damit stehen dem das LDL schützenden Vitamin E nicht mehr genügend Reaktivierungskräfte zur Seite, so daß es relativ schnell verbraucht ist und das LDL ungehindert oxidieren kann, von Makrophagen über den Scavenger-Rezeptor aufgenommen und zur Schaumzelle wird, aus der dann zunächst sog. fatty streaks und später atherosklerotische Plaques werden.

Frage: Ist das eine Hypothese oder experimentell beweisbar?

Schnell zusammenbrechende Verteidigung

Esterbauer: Man kann LDL in vitro einem oxidativen Streß aussetzen und verfolgen, was über die Zeitachse passiert. Lange Zeit passiert gar nichts, etwa 40 Minuten ist die Situation ganz stabil. Das LDL hält dem oxidativen Streß also 40 Minuten lang stand. Das ist aber keinesfalls eine ruhige Phase, in diesen 40 Minuten spielen sich vielmehr höchst dramatische Prozesse ab: Nach und nach brechen nämlich die antioxidativen Verteidigungslinien zusammen, zuerst das Tocopherol, dann die verschiedenen Carotinoide und Retinoide. Wenn auch diese zweite Verteidigungslinie zusammengebrochen ist, dann spielt sich innerhalb von nur 15 Minuten ab, was wir bereits besprochen haben: oxidativer Abbau der Fettsäuren und Modifikation des Apolipoproteins B in einer Art und Weise, daß es von den Makrophagen über den Scavenger-Rezeptor aufgenommen wird und zur Schaumzell- und Plaquebildung führt.

Frage: Kann man die 40minütige Zeit des Geschütztseins verlängern, wenn man in dem beschriebenen Experiment Vitamin C hinzugibt?

Vitamin C hält den Zusammenbruch auf

Esterbauer: So ist es, dann passiert sehr lange Zeit nichts. Wenn dann allerdings die wasserlösliche Ascorbinsäure verbraucht ist, kann sie die fettlöslichen Antioxidantien nicht mehr reaktivieren, die das LDL dann – wie beschrieben – noch 40 Minuten vor dem oxidativen Stress schützen können, ehe es zur LDL-Oxidation kommt.

Frage: Die Lipidologen empfehlen, ein Drittel der Nahrungsenergie aus Fett zu beziehen und dabei je ein Drittel gesättigte, einfach ungesättigte und mehrfach ungesättigte Fettsäuren anzustreben. Ist das eine aus Ihrer Sicht sinnvolle Empfehlung?

Mehr Antioxidantien zuführen

Esterbauer: Das halte ich für eine sehr sinnvolle Empfehlung, die ich allerdings gern ergänzen würde: Man sollte mit den mehrfach ungesättigten Fettsäuren gleichzeitig mehr Antioxidantien aufnehmen.

Frage: Welche Antioxidantienmenge empfehlen Sie pro Gramm mehrfach ungesättigter Fettsäuren?
Esterbauer: Pro Gramm aufgenommene Linolsäure rechnet man mit 0,5 Milligramm Vitamin E. Bei hochungesättigten Fettsäuren wie z. B. Fischölen sollte die Vitamin-E-Zufuhr noch weiter erhöht werden.

Frage: Cholesterin ist lebensnotwendig, die Leber synthetisiert es selber. Was passiert, wenn mit der Nahrung vermehrt Cholesterin angeboten wird, was passiert aus biochemischer Sicht mit dem Eigelb, das jemand ißt?

Eigelb wird zu LDL

Esterbauer: Das Eigelb enthält Phospholipide und Cholesterin, das die Leber vom selbst synthetisierten Cholesterin nicht unterscheiden kann. Die Leber bildet mit dem Cholesterin VLDL und sezerniert sie in die Blutbahn. Aus diesen VLDL holen sich die Zellen vor allem die Phospholipide, Triglyceride und Vitamine, so daß das ursprünglich sehr große VLDL-Molekül mehr und mehr schrumpft, bis ein Lipoprotein niederer Dichte übrig bleibt, eben das LDL, über dessen Weg zur Schaumzelle wir bereits gesprochen haben.

Frage: Sie haben bereits herausgearbeitet, daß die vermehrte Zufuhr mehrfach ungesättigter Fettsäuren per se nicht gefährlich ist, solange ausreichend Antioxidantien vorhanden sind. Nun sagen die Epidemiologen, daß vermehrter Verzehr gesättigter Fettsäuren, also tierischer Fette, mit einem erhöhten Atheroskleroserisiko einhergeht. Können Sie dieses Phänomen biochemisch erklären?

Zwei negative Aspekte des tierischen Fettes

Esterbauer: Die tierischen Fette enthalten zum einen weniger Antioxidantien als pflanzliche Öle und Fette, so daß die Gefahr der oxidativen LDL-Modifikation zu Schaumzellen größer ist. Zum anderen ist über den Abbau der gesättigten Fettsäuren zu Essigsäure und den dann beginnenden Cholesterinaufbau auch die endogene Cholesterinsynthese höher als wenn ungesättigte Fettsäuren der Ausgangspunkt sind. Wie die erhöhte Cholesterinsynthese zur Schaumzellbildung führt, haben wir am Beispiel des gegessenen Eigelbs bereits besprochen.

Ein gewichtiger Risikofaktor

Lassen Sie mich noch einige Sätze zur Epidemiologie sagen. Sie hat bisher eine klare Korrelation zwischen Cholesterinspiegel und Atherosklerosesrisiko nachgewiesen, ohne damit allerdings etwas über die biochemischen Ursachen auszusagen. Im Rahmen der MONICA-Studie der WHO wird jetzt immer deutlicher, daß es eine fast 100prozentige inverse Korrelation zwischen Antioxidantiengehalt des Plasmas und dem Risiko einer Herz-Kreislauf-Erkrankung gibt. Die Korrelation zwischen Cholesterin und Risiko ist statistisch sehr viel weniger signifikant als die Korrelation zwischen Antioxidantien und Risiko.

Frage: Hat man also in der Vergangenheit den falschen Parameter für schuldig befunden?

Cholesterin reicht als Risiko-Parameter nicht

Esterbauer: Lassen Sie mich zur Veranschaulichung ein Bild benutzen. Man untersucht, warum es so viele Autounfälle gibt und stellt an einigen Autos kaputte Bremsen fest. Verfolgt man diese jetzt über einige Jahre, wird man feststellen, daß es eine hochsignifikante Korrelation zwischen Autos mit defekten Bremsen und Unfällen gibt. Daraus jetzt den Schluß zu ziehen, daß der überwiegende Teil der Unfälle auf schadhafte Bremsen zurückzuführen ist, wäre allerdings falsch. Ebenso ist es mit dem Cholesterin. Es ist zweifellos ein Risikofaktor, aber keinesfalls der einzige und auch nicht der wichtigste, wie die MONICA-Studie zeigt.

Allein aufgrund des Cholesterinspiegels können Sie zwar eine bevölkerungsstatistische Aussage über das Erkrankungsrisiko machen, über das Individualrisiko eines Patienten können Sie jedoch nur wenig aussagen.

Zusätzlich Antioxidantien bestimmen

Aufgrund der Ergebnisse der MONICA-Studie meinen wir, daß man diese Aussage über das Individualrisiko sehr wohl machen kann, wenn man zusätzlich die Antioxidantienspiegel bestimmt. Das höchste Risiko haben jene, die hohe Cholesterin- und niedrige Antioxidantien-Spiegel haben. Das geringste Risiko ist bei niedrigem Cholesterin und hohen Antioxidantien gegeben. Alles andere liegt dazwischen. Sind die Antioxidantien hoch, kann das einen hohen Cholesterinspiegel kompensieren. Umgekehrt kann der protektive Effekt niedrigen Cholesterins durch gleichzeitig niedrige Antioxidantien zunichte gemacht werden.

Sehr exakte Vorhersage

Die Ermittlung der Plasmaspiegel an Vitamin E, Vitamin A und Cholesterin ermöglicht die Vorhersage der Sterblichkeitsrate an koronaren Herzerkrankungen in der europäischen Bevölkerung mit bis zu 95prozentiger Sicherheit. Das ist eine relativ neue Erkenntnis, an der man jedoch nicht mehr vorbeikommt.

Frage: Die Deutsche Gesellschaft für Ernährung empfiehlt die tägliche Aufnahme von 12 mg Vitamin E. Reicht das Ihrer Ansicht nach aus?

Viel mehr Vitamin E

Esterbauer: Zur Verhinderung eines ausgesprochenen Vitamin-E-Mangels sicher; um einen ausreichenden oxidativen Schutz zu gewährleisten, müßte die Tageszufuhr nach meinem Dafürhalten verzehnfacht werden. Eine Menge übrigens, die für den Menschen ohne jegliches toxische Risiko ist.

Frage: Plädieren Sie also für eine Vitamin-E-Supplementierung?

Auf der besseren Seite mit Pflanzenfetten

Esterbauer: Ich kann als Biochemiker nur Advokat sein; eine generelle Empfehlung auszusprechen, ist nicht meine Aufgabe. Diese Frage muß in letzter Instanz von der Gesundheitspolitik nach reiflichem Abwägen beantwortet werden. Wenn Sie meinen persönlichen Rat hören wollen: Jemand, der nicht mehr als 30 Prozent seiner Nahrungsenergie aus Fett bestreitet und dabei die mehr Antioxidantien enthaltenden Pflanzenfette bevorzugt, ist auf der besseren Seite der Risikoskala, wenn er gleichzeitig auf Vollkornprodukte, Obst und Gemüse Wert legt, die besonders reich an den Vitaminen A, C und E sind.

Anschriften der Experten

Prof. Dr. Hermann Esterbauer
Institut für Biochemie
Universität Graz
Schubertstr. 1
A-8010 Graz/Austria

Prof. Dr. med. Markolf Hanefeld
Medizinische Akademie
»Carl Gustav Carus«
Fetscherstr. 74
O-8019 Dresden

Prof. Dr. rer. nat. Hans Hoffmeister
Bundesgesundheitsamt
Institut für Sozialmedizin
und Epidemiologie
General-Pape-Str. 62-66
W-1000 Berlin 42

Prof. Dr. med. Roland Kirsten
Klinikum der Universität Frankfurt
Zentrum der Pharmakologie
Theodor-Stern-Kai 7
W-6000 Frankfurt 70

Prof. Dr. med. Gerald Klose
Zentralkrankenhaus »Links der Weser«
Medizinische Klinik
Senator-Weßling-Str. 1
W-2800 Bremen 61

Prof. Dr. med. Detlef Kunze
Kinderpoliklinik der
Universität München
Pettenkoferstr. 8a
W-8000 München 2

Prof. Dr. med. Helmut Rottka
Sonneberger Weg 19
W-1000 Berlin 45

Prof. Dr. med. Peter Schwandt
Medizinische Klinik II
Klinikum Großhadern der
Universität München
Marchioninistr. 15
W-8000 München 70

Prof. Dr. med. Achim Weizel
Heinrich-Lanz-Krankenhaus
Innere Klinik
Feldbergstr. 68-70
W-6800 Mannheim 1

Prof. Dr. med. Günther Wolfram
Medizinische Poliklinik der
Universität München
Pettenkoferstr. 8a
W-8000 München 2

Aus der Schriftenreihe **Experten im Gespräch** sind in gleicher Ausstattung weitere Bände lieferbar bzw. in Vorbereitung. Allen Bänden liegt das Konzept zugrunde, aktuelles medizinisches Wissen durch Interviews mit jeweils führenden Experten für den niedergelassenen Arzt aufzubereiten und dabei stets vorrangig die Praxisrelevanz im Auge zu behalten.

Band 1
Das Parkinson-Syndrom
Pathogenese, Diagnose, moderne Therapie

Band 2
Hypertonie I
Therapie und Compliance unter besonderer Berücksichtigung der Diuretika
(z. Z. nicht lieferbar)

Band 3
Klimakterische Beschwerden
(2., aktual. und ergänzte Aufl.)
Ovarielle Stimulation als neues Therapieprinzip

Band 4

Peptische Erkrankungen des oberen Gastrointestinaltraktes

Diagnostik und moderne Therapie mit H_2-Rezeptorantagonisten

(z. Z. nicht lieferbar)

Band 5

Rheuma I

(2., erweiterte Auflage)

Natürliches Vitamin E als neues Therapiekonzept

Band 6

Exzessives Spielen

Zur Häufigkeit, Psychologie und Therapie der sog. Spielsucht

Band 7

Epilepsie

Moderne Aspekte zur Diagnostik, Therapie und Patientenführung

Band 8

Das Trockene Auge

(2. Auflage)

Ursachen, Diagnose, Differentialdiagnose, Therapie

Band 9
Hyperlipidämien
(2. Auflage)
Diagnose und Therapie heute

Band 10
Krank durch Passivrauchen?
Beiträge zu einer
kontroversen Diskussion
(z. Z. nicht lieferbar)

Band 11
Benigne Prostatopathien
(2. Auflage)
Grundlegende und
therapeutische Aspekte

Band 12
Steroide in der Augenheilkunde
Möglichkeiten und Grenzen
im therapeutischen Alltag

Band 13
Akne
Möglichkeiten und Grenzen
der topischen und systemischen
Therapie

Band 14
Selen
Präventive und therapeutische Bedeutung
(z. Z. nicht lieferbar)

Band 15
Ginseng
Ein altes asiatisches Heilmittel als modernes Geriatrikum
(z. Z. nicht lieferbar)

Band 16
Fett in der Ernährung
Fettreduzierung und Fettmodifikation vermindern das Erkrankungsrisiko

Band 17
Das Glaukom
Moderne diagnostische und therapeutische Aspekte

Band 18
Verapamil
A Drug at the Threshold to the Next Decade

Bestellungen sind direkt an den Verlag zu richten. Die Lieferung erfolgt mit beigefügter Rechnung. Jeder Band kostet DM 10,70 (zuzüglich DM 3,50 pro Lieferung für Porto und Verpackung).

WISSENSCHAFTSVERLAG
WELLINGSBÜTTEL
Postfach 65 02 44, 2000 Hamburg 65
Telefon 0 40 – 5 36 75 55
Telefax 0 40 – 5 36 26 32